宝葫芦
健康生活书系

向脾胃要健康

李志刚 著

中国轻工业出版社

图书在版编目（CIP）数据

向脾胃要健康 / 李志刚著 . —北京：中国轻工业出版
社，2013.3
（宝葫芦健康生活书系）

ISBN 978-7-5019-7878-6

Ⅰ.①向… Ⅱ.①李… Ⅲ.①脾胃病—防治②脾胃
病—食物疗法 Ⅳ.① R256.3 ② R247.1

中国版本图书馆 CIP 数据核字 (2010) 第 196995 号

责任编辑：付 佳 童树春
策划编辑：童树春　　　　责任校对：燕 杰　　　　责任终审：张乃柬
整体设计：逗号张文化创意　责任监印：马金路

出版发行：中国轻工业出版社（北京东长安街 6 号，邮编：100740）
印　　刷：北京京都六环印刷厂
经　　销：各地新华书店
版　　次：2013 年 3 月第 1 版第 4 次印刷
开　　本：787×1092　1/16　印张：16.5
字　　数：300 千字
书　　号：ISBN 978-7 -5019-7878-6　　　定价：29.80 元
邮购电话：010-65241695　传真：65128352
发行电话：010-85119835　85119793　传真：85113293
网　　址：http://www.chlip.com.cn
Email：club@chlip.com.cn
如发现图书残缺请直接与我社邮购联系调换
130133S2C104ZBW

序

很多人心里可能都有这样的疑问："常听人说脾胃脾胃的，那究竟什么是脾胃？"中医认为，脾为五脏之一，胃为六腑之一，二者通过经脉络属而构成表里关系，胃是负责接收食物的，而脾是负责运化食物的，因此二者有不可分割的关系，中医便将脾和胃放在一起，统称为"脾胃"。

在中医里，脾胃是一个内涵十分广泛的概念，不仅涵盖了现代医学的消化系统，并且与神经、内分泌、免疫、运动等系统也有一定的联系。这与西医所说的脾和胃是不同的。

中医是非常重视脾胃的，称脾胃为后天之本。《黄帝内经》记载："脾胃者，仓廪之官，五味出焉。"脾胃有接受和消化食物的功能，它们是主管粮食的官儿，相当于现代的后勤部长，食物中的营养，都是由脾胃"加工"并且输送到全身各处，并在身体里发挥作用的。

人们常说"兵马未动，粮草先行"，想要打好一场仗，先得保证粮草充足，否则再强壮的军队，没有粮草供应，也不会支撑太久的。我们的脾胃就像是军队的"粮库"，脾胃一旦失常，我们的身体也将面临一系列的问题。

　　脾胃又是气血生化之源，有了脾胃的"辛勤工作"，人的气血才会充足。如果一个人的脾胃功能不好，那么身体的气血就会出现生成不足。这就好比是鲜花得不到土壤和水的滋润一样，会慢慢地枯萎。

　　脾胃升降是脏腑气机升降的关键。胃是如何接受食物的？脾又是如何运化食物的？其实就是靠脾升胃降来完成的。脾气上升，帮助胃进一步完成消化和吸收，并向全身传送营养。同时，它还能统摄、升提内脏，不使下陷，以保持诸脏各安其位。胃气下降，使饮食得以下行，而且还能将初步消化的水谷精微物质移交小肠并供给脾以运化转输，上奉于心肺，布散周身，心、肺、肝、肾均赖其水谷之精气以供养。因此，胃气宜降不宜升，脾气宜升不宜降，这一过程既受纳又排泄，一升一降，升降相宜，互为因果，以取得相对的平衡与协调，使得人体气机生生不息。

向脾胃要健康
4

人在出生之前，是由先天之肾精为胎儿生长发育供应营养物质的；人出生以后，所有的生命活动都有赖于后天的脾胃摄入营养物质来供给。先天不足的人，可以通过后天的调养来补足，同样可以延年益寿；但就算是先天非常好，如果不重视后天脾胃的调养，人就会多病减寿。《脾胃论》的作者李东垣认为，脾胃不足、元气虚弱是内伤疾病的主要原因。不仅如此，脾胃气虚，元气不足，则人体的阳气不能固护体表，人就很容易感受外邪的侵扰。这说明不论是外感还是内伤，都与脾胃元气的充盛与否有关，否则"脾胃乃伤，百病由生"。

　　脾胃居中土，是五脏六腑的中心，与其他脏腑关系非常密切，脾胃有病很容易影响其他脏腑，而且根据五行关系，很容易出现相生相克的疾病传变现象。因此，作为一个优秀的医者，在治疗疾病上应该考虑到疾病的传变规律，彼此都要照顾到了。

　　如何强健我们的脾胃呢？《向脾胃要健康》一书通过简单扼要的道理、临床常见案例的分析，以经络疗法为主，辅以饮食、运动、中药、心理等方法，告诉人们如何养好脾胃，如何成为健康长寿之人。

目
录

第 *1* 章

关爱身体，从敬重脾胃着手 ……………………………… 13

第 *2* 章

保养脾胃，从饮食开始 ······ 51

第 *3* 章

打通胃经，一生皆有福报 ······ 76

第4章

打通脾经，让生命之树常青

第5章

若要脾胃健，天天来锻炼 …………………… 131

第6章

医身容易医心难，养脾胃也要养情志 …………………… 152

第 *9* 章

着眼脾胃，从根本上治疗常见病 ………………………… 214

第1章

关爱身体，从敬重脾胃着手

肾是人的先天之本，脾胃是人的后天之本。"本"是什么？"本"的本意是树的根子，只有根子扎得牢固了，人体这棵大树才能变得枝繁叶茂。脾和胃是一对孪生兄弟，在各种场合中总是同时出现。脾和胃有接收、消化和运输的作用，化出五味营养，以供养全身需要。因此，一个人脾胃功能的强与弱，直接关系着他的生命盛衰。脾胃功能好的人，气血旺盛，中气十足，说话有力气，身体也结实；脾胃虚弱的人，说话无力，身体羸弱，疾病丛生，影响健康和寿命。

你的脾胃还好吗
——百用百灵的自我检查方法

当脾虚失健，导致清阳不升，湿浊不化时，人体就有可能九窍不通。因此，九窍有问题了，我们先要想到是不是脾胃出问题了。

我在出门诊的过程中，经常会遇到很多患有脾胃病的年轻患者，他们看上去精神状态非常不好，有的面色苍白，口唇没有一点光泽；有的过于消瘦，好像一阵风就能吹倒了；有的长得很肥胖，看似体格庞大，但是一点都不结实，一身肥肉；还有的说话有气无力，精神不振，年纪轻轻却有未老先衰之态……，这些多是由于他们的脾胃功能受损所造成的。

有人可能会问了，是不是能从这些人的外在状态看出他们的脾胃有问题呢？是的，很多时候，我们可以从一个人的外在状态知其内在，而且这些都是有根据的。

从哪里来看呢？我告诉大家一个最简单的方法，就是从人的九窍来看。何为九窍？具体是指两眼、两耳、两鼻孔、口、前阴尿道和后阴肛门。

《脾胃论》里有一句话叫"脾胃虚则九窍不通"。脾作为后天之本，是主运化水湿的，主升清阳。水谷所化生的精微之气被脾升举至上焦，滋养心肺，并由肺布达九窍、四肢以及皮肤，清阳之气出于头面官窍，九窍就会通利。反之，当脾虚失健，导致清阳不升，湿浊不化时，就有可能九窍不通。因此，九窍有问题了，我们先要想到是不是脾胃出问题了。

◇◇ 从口唇看脾胃

　　有一次，几个朋友在一起聚会，我发现一个平时爱说话的朋友变得寡言了。我又发现他的嘴唇发白、没有血色，显得非常干燥，且已经爆皮、裂口子了。

　　我就直接问他："你是不是脾胃有问题了？"

　　朋友很是惊异："你真神了，最近是感觉脾胃不好，不爱吃东西，睡眠也不好。你怎么知道的？"

　　"你的嘴告诉我的！"我笑着说。

　　"我的嘴？我一直也没怎么说话啊？"这个朋友有点丈二和尚摸不着头脑了。

　　我把道理跟他一说，他才有些似懂非懂，后来我为其推荐阴陵泉穴、三阴交穴等几个脾经重点穴位，让他天天坚持按摩。两个月后，再见他时已是嘴唇红润，神采奕奕了。

　　为什么我能从嘴唇看出这位朋友的脾胃有问题呢？《黄帝内经》中指出："口唇者，脾之官也""脾开窍于口""脾之合肉也，其荣唇也"。这说明脾开窍于口，脾胃有问题有时就会表现在口唇上。一般来说，脾胃很好的人，其嘴唇红润，干湿适度，润滑有光。反过来说，如果一个人的嘴唇像上面我朋友那样，则表明他的脾胃不好。

　　脾还主涎液。中医认为涎与唾合

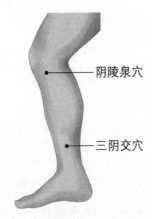

——阴陵泉穴

——三阴交穴

脾开窍于口，脾胃有问题有时就会表现在口唇上。

称为口水，下文我们还将有详细论述。《黄帝内经》中指出"脾主涎"，这个"涎"是脾之水、脾之气的外在表现。一个人的脾气充足，则涎液能正常传输，帮助我们进行吞咽和消化，但它会老老实实待在口腔里，不会溢出来。

一旦脾气虚弱，脾本身的固摄功能失调，"涎"就会不听话了，比如在睡觉时会流口水，也就是我们常说的"流哈喇子"。为什么小孩子爱"流哈喇子"？因为小孩子的身体发育还没有成熟，脾胃本身还弱，所以爱"流哈喇子"。如果经常性地"流哈喇子"，我们可以从健脾入手，进行调理。

◇◇ 从鼻子看脾胃

脾胃与鼻有什么关系呢？中医认为，肺开窍于鼻，而胃经起于鼻部，因此脾胃的经脉与鼻窍也是相连的。

一个人的脾胃功能失调导致水谷精微无法上输濡养鼻窍，而引起鼻腔干燥，有时还会引起嗅觉失灵、流清鼻涕、鼻子出血等问题。这种情况多是脾胃虚弱，气津不足，脾气不能摄血或肺虚火上冲鼻窍所致。

此外，一般鼻翼发红的人多是有胃热。除了鼻翼发红外，还伴有容易饿、口臭、牙龈肿痛等症状。其根本原因在于脾的运化能力不足，使食物蕴积滞留于胃，食物

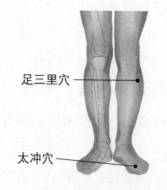

肝功能不好，影响了脾胃的消化功能，可以多按摩太冲、足三里等穴，以舒肝健脾。

积久化热、化腐所致。

如果鼻头发青，并伴有腹痛，也说明脾胃功能不好。青色为肝木之色，肝气疏泄太过，横逆冲犯脾胃，会影响脾胃的消化功能。这时我们可以多按摩太冲、足三里等穴，以舒肝健脾。

◇◇ 从眼睛看脾胃

肝开窍于目，而目之所以能看东西，全赖于肝血的濡养，而脾胃又是气血生化之源，脾主统血，所以肝血是禀受于脾胃的。

一个人的脾胃功能失调容易引起视力疲劳、视物模糊、眼睛红肿、眼睑下垂等问题，并伴有食欲不振，大便稀薄，舌淡，脉缓弱无力等症。这多与脾气不足、清阳不升、目失所养有关。

◇◇ 从耳朵看脾胃

耳朵位于清阳交会的头面部，是清阳之气上通之处。

肾开窍于耳，《灵枢·脉度》中指出："肾气通于耳，肾和则耳能闻五音矣。"肾是先天之本，它离不开后天之本脾胃的滋养，如果一个人的脾胃虚弱，气血生化乏源，肾精必亏，耳窍失养，就会出现耳鸣、耳聋等问题。脾虚气弱，水湿不能正常运化，致使内生痰浊，耳道闭阻也会出现耳鸣、耳聋等症状。

◇◇ 从前后阴看脾胃

前阴包括溺窍（尿道）和精窍（生殖器），是主排尿和生殖的。中医认为，肾是水脏，脾为中土，共同主管着水液的代谢化生。脾气健旺，清升浊降，以助肾化水，使排尿通畅；脾虚则升降功能失调，会出现排尿不畅，严重者会出现不能排尿的现象。

后阴就是肛门，中医称肛门为"魄门"，"魄"与"粕"相通，是传送糟粕的。一旦脾气虚弱，水谷不能正常运化，就会出现大便泄泻清稀，并有不消化的食物残渣，有时伴有肠鸣等问题；脾的清阳之气一旦下陷，就会出现经常性泄泻甚至久泻脱肛；气不统血，则会出现便血。

脾胃虚会致九窍不通，从九窍不通我们可以判断脾胃是否有问题，正所谓"窥知其外，乃晓其内"。

我们知道中医是讲究望、闻、问、切的，但凡有经验的老中医大都可以通过病人的脉象、气色、九窍等反映出来的各种症状，来诊断患者的生病部位，但这需要有丰富的经验与学识。作为普通读者，我们所要做的是及时发现疾病的蛛丝马迹，然后及时到医院就诊。

② 古木参天靠树根，生命常青靠脾胃

想要生命之树常青，先要养护好脾胃。否则，脾胃受损了，人的健康就失去了基础，生命之树就会枯萎。

参天古木之所以长得高大，并屹力于世间千年不倒，主要在于它的根子扎得深，吸收的营养充足。正如一位网友说的："世人往往只看到树，而看不见树根。树根让树站起来，长成参天大树，栋梁之材。树根的贡献，是默默的。"

同参天大树的树根一样，脾胃就是人体的"树根"，只有根深蒂

固，生命之树才能常青。

脾胃就是人体的"树根"，只
有根深蒂固，生命之树才能常青。

脾胃作为后天之本，它就像是"树根"一样，默默地为人身体输送着营养。我们来看看脾胃是怎么工作、怎么为人体提供营养的。

大家都知道，人是以水谷为本的，受水谷之气以生。《素问·平人气象论》中这样说："人以水谷为本，故人绝水谷则死。"什么是水谷？水谷，即吃到和喝到肚子里的东西。人得吃东西，不吃东西怎么能活呢？俗话说得好："人是铁，饭是钢，一顿不吃饿得慌。"

脾与胃是相表里的，其中胃主受纳，脾主运化。

胃不仅主受纳水谷，还负责腐熟水谷。"受纳"有接受、容纳之意；"腐熟"就是食物经过胃的初步消化后形成食糜。人通过嘴吃进食物后，经过食管，容纳于胃，在胃中进行初步消化，并形成食糜，成为更易于转运吸收的状态。这也是为什么我们强调吃饭一定要细嚼慢咽的原因。

在这里，胃的受纳功能，不仅是包括接受、容纳之意，它还有主动摄入的意思，中医里也叫"摄纳"。胃在胃气的作用下能主动摄纳食物，胃气以降为顺，使饮食往下走，这样我们的胃才会腾出地方来，为后续食物做继续的受纳工作。为什么人饿了后会产生食欲、想吃东西？其实就是这个道理。如果胃的这一功能发生障碍，人就会出现食欲不振，消化不良，胃脘胀痛等症。

我们再来说脾主运化。"运"有运输、布散之意；"化"有变化、消化、化生之意。脾主运化就是指食物经过胃的腐熟加工，然后进入小肠，清浊分离，各走各的道儿，再由脾输送至全身，供应各脏腑器官的营养。脾主运化，一方面运化水谷，对食物进行消化和吸收；另一方面还能运化水湿，就是运化人体内的水液。

脾的运化功能靠什么来完成的呢？主要依靠脾气的作用。脾主升清，以升为顺，脾气应该是上升的，这样水谷精微等营养物质才能运输到全身发挥其营养功能；反之，如果脾失健运，脾气该升却不升反而下降，人就会出现不爱吃东西，吃点就腹胀、便溏，浑身无力等消化不良症状；而且还会引起水液代谢失常，进而产生多种水湿停滞的病变，如浮肿、痰饮等症。这就好比是一家工厂，虽然买进了很多的原材料，但是厂子里的机器设备（脾）不行，加工出来的东西根本就不合格。

通过以上一系列的过程，水谷便在脾胃的共同作用下在体内完成了旅行的第一步——消化和运化。没有这开始的第一步，以后的道路再顺畅也是毫无意义的。

由此我们也看出，想要生命之树常青，先要养护好脾胃。否则，脾胃受损了，人的健康就失去了基础，生命之树就会枯萎。

脾胃是元气生发的源泉

我们体内的元气要得到不断的充实，必须依赖于脾胃，即"养生当实元气，欲实元气，当调脾胃"。

元气是什么？元气也叫原气、真气。它是肾脏中的先天之精气化蒸腾而成的，它是人体最基本、最重要的气，是生命之源。

人的元气生成后，通过三焦而流行分布于全身各处，内至五脏六腑，外到腠理肌肤，作用于机体的各个部分。因此，元气能推动人体的生长和发育，温煦脏腑、经络、四肢九窍等组织，激发并维持它们的生理功能。一个人元气充足，才会健康、不易生病；一个人的元气受到损伤，就容易生病。

李东垣在《脾胃论·脾胃虚则九窍不通论》中指出："真气又名元气，乃先身之精气，非胃气不能滋之。"他认为，脾胃是元气生发的源泉。

如果一个人平时不注意调节饮食，饮食过量，或过食生冷、油腻等刺激性食物，就会使脾胃受伤，这样饮食水谷精微不能运送于全身，人体的元气就会衰弱；元气一衰，我们的身体自然就不能很好地抵御外邪了，各种疾病就会随之而来。因此，李东垣认为治疗疾病一定要注重脾胃。这也是李东垣脾胃学说的基本观点。

我们体内的元气要得到不断的充实，必须依赖于脾胃，即"养生当实元气，欲实元气，当调脾胃"。

4

内伤脾胃，百病由生
——有哪些健康问题与脾胃有关

脾胃的事儿可不是什么小事，我们身体里的很多疾病都与它有关，每个人都需认真对待并照顾好自己的脾胃。

脾胃相当于我们身体的粮库，脾胃这个粮库一旦出问题，就会给我们的健康带来一系列的问题。

李东垣在《脾胃论》中指出："内伤脾胃，百病由生。"他认为，脾胃内伤是人们最重要的致病因素。为什么要这样说呢？有3点原因：

一是脾胃是气血生化之源，脾胃虚弱，就会引起我们的气血生化不足。一个少气缺血的人，身体怎么会好得了呢？

二是脾胃受损，运化失职，营养物质不能很好地输布全身，人身体得不到充分濡养而使卫气虚弱，卫外功能受损（通俗点儿讲就是免疫功能低下），这时外邪会乘虚而入，使我们生病。

三是脾胃升降是人体气机升降的枢纽，胃气宜降不宜升，脾气宜升不宜降，如果胃气不降反升，或脾气不升反降，中焦气机紊乱，必会影响其他各脏腑的气机及功能，各种病症便随之而来。

造成脾胃内伤的原因主要有4大方面：饮食失调、过度劳累、情志不畅、感受外邪。我们将在下文会有详细的介绍。

那么脾胃失调会给我们带来哪些健康问题呢？举例来说：如果湿热偏盛，尤其是长夏季节，脾气易被湿邪所困，不能将水谷精微

向脾胃要健康

22

运化至全身各处，就会感觉身体特别累，手足无力，爱睡觉，不爱吃东西，大便较稀而不成形。

以上只是脾胃失调给我们带来的一小部分病症。那么，脾胃失调具体会引起哪些疾病呢？

单纯由脾胃所引发的脾胃病，相当于现代医学所说的消化系统疾病，比如消化性溃疡、胃炎、便秘、腹泻、胃下垂等，这些都是具体的病。俗话说"十人九胃病"，这说明脾胃病在生活中是极为常见的。

很多人可能想了，脾胃病是不是就这些了？肯定不是，如果只有这几种病，也就不会有"内伤脾胃，百病由生"之说了。事实上，生活中有很多常见病都与脾胃有关系。

举例来说，脾胃不好的人容易感冒（我们后文会详细介绍调治方法），身边的人谁感冒都会连累到他。这样的人感冒了还不容易好，即使好了也容易复发。一般来说，元气足的人，免疫力就强，这样的人不容易感冒。因此，对于这种类型的感冒，我们在治疗时要标本兼治，既要治疗感冒又要调养好脾胃，若只是单纯治疗感冒，效果肯定不好。

中医认为，脾虚则生痰。一个人的脾气虚弱，不能正常地运化水湿，导致水湿内阻，停滞于中焦，聚湿生痰。

大家可千万别小看这个"痰"，"痰"可是百病之源。

高血压在中医里有一种类型是痰湿阻滞型高血压，主要就是因为肝火过旺克制脾土，脾胃被克制后，饮食的消化、运输发生障碍，造成水湿内生，聚而成痰，形成了此类型的高血压。

还有，高脂血症多是因脾胃失调致使内生痰浊所致；咳嗽多是由痰湿蕴肺所致；哮喘的病因也是以痰为主，为宿痰内伏于肺，遇到外感因素就会被诱发；还有，肥胖的人多是痰湿体质……

从以上可以看出，痰会引发很多种病，而脾虚又会生痰。因此，脾胃一旦出问题，身体就会出问题。反过来说，我们在治疗这些疾病的过程中，可以从脾胃入手，标本兼治，方可取得一定的效果。

因脾胃失调所生的病有很多，这里我们就不一一列举了，我们会在以下行文中详细阐述。这里我们向大家传递的一个意思就是，脾胃的事儿可不是什么小事，我们身体里的很多疾病都与它有关，每个人都需认真对待并照顾好自己的脾胃。

⑤ 脾胃一旦受伤，五脏就没有活力了

明代医学家张介宾说："善治脾者，能调五脏，即所以治脾胃也。能治脾胃，而使食进胃强即所以安五脏也。"

明末的医家孙文胤在其《丹台玉案·脾胃门》中指出："脾胃一伤，则五脏皆无生气。"其意是指，五脏必资于谷气，谷入于胃，和调五脏而血生，脾胃运化功能健旺，则气血充盈，营养五脏；脾胃受损，则气血生化之源亏乏，导致五脏失养，气机失调，变生各种疾病。

可见，"百病皆由脾胃衰而生"，而"治脾胃即可以安五脏"，所以我们养脾胃其实是在安抚五脏。那么，脾胃与其他脏器有什么具体的关系呢？

◇◇ **脾胃与心**

● **心是脾的母亲，脾是心的儿子**

要了解脾胃与心的关系，我们先来看看中医里所指的心是什么。《素问·灵兰秘典论》指出："心者，君主之官也，神明出焉。"《灵枢·邪客》也说："心者，五脏六腑之大主也，精神之所舍也。"心在脏腑中地位最高，它是君主，是主导和统率全身各脏腑功能活动的，你看它的功能大不大？

心主导着人体的各个脏腑，这里也包括了脾胃，脾胃是受心主导的。不是说你想吃饭就吃饭，这得由心来发号施令的，心让你吃你才能吃；反过来说，脾胃的功能也影响着心，作为主管粮仓的后勤部长，如果"国库"空虚，君主和百姓都没有粮食吃了，身体这个国王自然不能待得长久了。

心是主神明的，所以失眠与心脏关系密切。中医里有句话叫"胃不和则卧不安"，就是说脾胃不和，睡眠也不好。很多人晚上不吃东西，到了半夜就会饿得睡不着觉；同样有的人晚上吃多了，也不运动，直接上床睡觉，这时胃主受纳、脾主运化的功能就受到了影响，就会扰动人的神明，人就睡不着了。

心还有主血脉的功能，脾则能统血，它让血液老老实实待在脉里、不跑到外面来。因此说，脾气健旺，则血液充足而心有所主。

从五行角度来看，心与脾是母子关系，心属火，脾属土，心火生脾土。心是脾的母亲，脾是心的儿子，心这个母亲要时刻照顾好脾这个儿子，即所谓脾胃纳运功能，有赖于心阳的温煦。一旦心阳不振，就可能会影响脾胃的运化，而痰饮内停，会发生心悸、气短、胸闷、憋气、腹痛、腹泻等问题。反过来说，心主血，血的来源在于脾胃，如果脾胃的运化失常，不能益气生血，则心失血养，也会使我们生病。

● **如何才能脾胃与心同养？**

　　要照顾好脾胃，也要养护好心，这就要求我们平时多静心养气，这样既不会扰乱心血，也不会损耗心气，使心气平和，进而滋养脾脏，养脾得以健胃。

　　要养心健脾，还可以多按摩心经和心包经上的穴位，如极泉穴、神门穴、内关穴，再加上能养脾胃的足三里穴、中脘穴等。

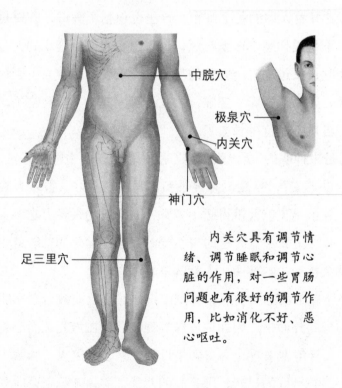

内关穴具有调节情绪、调节睡眠和调节心脏的作用，对一些胃肠问题也有很好的调节作用，比如消化不好、恶心呕吐。

　　极泉穴有宽胸理气、通经活络的功效。此穴在腋窝顶点，取穴时，把一只胳膊抬起，肘部弯曲，用另一只手在腋窝中央按压，腋窝中央有动脉搏动处即是此穴。

　　神门穴为心经原穴，它在我们的手腕部，手腕掌侧横纹的尺侧端。取穴时，把手掌朝上，手掌小鱼际上角能看到一个突起的圆骨，从该圆骨后方向上摸，能摸到一条大筋，该大筋的桡侧与掌后横纹的交点即是此穴。

内关穴具有调节情绪、调节睡眠和调节心脏的作用，对一些胃肠问题也有很好的调节作用，比如消化不好、恶心呕吐。取穴时，把手臂伸直，手掌向上，腕关节微微弯曲，能够看到腕部的两条横纹，从靠近手掌处的那条腕横纹正中往直上量取 2 寸处即是此穴。

足三里穴我们将在第 3 章有详细的介绍；中脘穴是胃的募穴，有和胃健脾、降逆利水的功效。它在上腹部，在肚脐上约 1 拇指宽加上 4 指宽处。

平时我们可以多对这几个穴位进行按摩，每穴每次按摩 3~5 分钟，天天坚持，养心健脾胃的效果非常好。

◇◇ **脾胃与肝**

● **肝失调达容易导致脾胃不和**

《素问·灵兰秘典论》指出："肝者，将军之官，谋虑出焉。"前面我们说过，心是君主，在这里肝就是大将军。我们知道，大将军是上前线打仗的，负责部队指挥的，而指挥打仗都靠谋虑的。同时大将军也是脾气火暴的主儿，本身就是性格刚强暴躁，动不动就发火。这说明肝与情志有很大的关系，"怒伤肝"说的就是这个道理。

脾胃与肝有什么联系呢？中医认为，肝是主疏泄，喜条达，是调畅全身气机的，这样才能通而不滞、散而不郁。我们平时说的肝郁气滞就是肝失疏泄的一个表现。肝郁则脾虚，我们的肝气郁结了，就会横逆犯脾，脾气本来就虚，又兼肝气所犯，气机郁滞，就会出现运化失常。现代人生活与工作压力都比较大，最容易侵犯肝脏，而肝失条达，则导致脾胃不和，出现食欲不振、四肢无力等问题。

从五行学说来看，脾属土，肝属木，它们二者是相克的，即所谓肝木克脾土。脾土属阴，必得肝木的条达之性加以疏泄，脾才不会凝滞，从而饮食才能正常运化，脾胃才能正常升降。但是，如果肝木太旺，就会克制脾土，肝如果管得太严了，就让脾胃很委屈，出现食后腹胀、腹泻与便秘交替等症状。

平时有一些朋友跟我说自己的肚子老是往上反气，腹胀，有时候吃完饭还感觉饿，但肚子却是鼓鼓的，吃了一些治疗胃肠疾病的药也不管用。我问他们平时工作怎么样？都是说工作压力太大，经常跟上级或下属处不好关系。这其实是你的肝本身先出问题了，导致脾胃不好。因此，这种情况下，你必须先养好肝。肝的问题好了，脾胃才能正常运行。

脾虽然受肝的制约，但它对肝脏也有一定帮助。肝为刚脏，依赖于脾供给血液濡养，才不会刚强太过，失去条达的本性。《素问·经脉别论》中也说："食气入胃，散精于肝，淫气于筋。"说明肝脏中所藏的血和它所主的筋的营养，都来源于脾胃水谷的精微。

● 如何才能脾胃和肝同养？

平时我们如何共同保养脾胃和肝呢？

很多爱生闷气的人最容易导致肝郁气滞，这时最好多按摩一下肝经上的太冲穴。太冲穴是肝经的原穴，"原"有"发源、原动力"之意。中医认为，原气来导源于"肾间"的动气，然后散布到人体的各处，在人体相应的穴位上停留，停留的穴位就叫原穴。《黄帝内经》中说："凡此十二原者，主治五脏六腑之有疾者也。"《灵枢·九针十二原》也说："五脏有疾也，当取之十二原。"可见其重要性。因此，我们刺激太冲穴能很好地调动肝经的元气，使肝脏的功能正常。

太冲穴位于足背第 1 跖骨后方的凹陷处，取穴时，从足背第 1、第 2 趾间缝纹头向足背上推按，推按到两骨联合前缘的凹陷处，即是此穴。按揉时，从太冲穴揉到行间穴（在足背侧，第 1、第 2 趾之间连线的缝纹头处），将痛点从太冲穴转到行间穴，效果会更好。

中脘穴

足三里穴

太冲穴

行间穴

很多爱生闷气的人最容易导致肝郁气滞，这时最好多按摩一下肝经上的太冲穴。

若想达到舒肝健脾胃的效果，我们还可以取足三里穴加太冲穴，或中脘穴加太冲穴，以调肝胃。

肝郁脾虚者可以在医生建议下服用逍遥散。逍遥散有疏肝解郁、健脾和营的作用。顾名思义，就是人吃了逍遥散后，肝气就变得活泼畅通，心情也会好起来，烦恼抛诸脑后，就像神仙一样逍遥快活。

◇◇ **脾胃与肺**

● **脾胃决定肺的津气盛衰**

《素问·灵兰秘典论》指出："肺者，相傅之官，治节出焉。"在这里，肺就如一位辅佐君主的宰相，协助心脏治理全身。肺主气，全身的气都是由肺来主持和管理的。而肺所需要的津气，全赖于脾胃水谷精微所转化。因此，肺的津气盛衰取决于脾胃的强弱。

"治节"是什么意思？即治理、调节水液代谢。脾主运化水湿，而之所以能运化水湿又赖于肺气肃降的协调。《素问·经脉别论》中说："脾气散精，上归于肺，通调水道，下输膀胱。"指出水饮进入胃中，散出精气，并上行输送到脾，通过脾输送布散水液精气的作用，再向上输送到肺。肺具有疏通和调节全身水液运行道路的功能，它把水液向下输入膀胱，以小便的形式排出体外。这同时也说明脾胃水谷所化的精气，首先是充养了肺。因此，脾胃虚大多首先会影响到肺。

肺气不足也多与脾有关，如脾虚的人比较容易感冒。表面上看，容易感冒是由于卫气不足，而实际上是和脾气不足有关，脾不能益气则使肺气虚，肺气虚则卫气不足。

从五行学说来看，脾与肺也是母子关系，只不过这里，脾是母亲，肺是儿子，脾属土，肺属金，脾土生肺金。肺有赖于脾胃供给营养，才能主气、司呼吸、主宣发，主肃降和通调水道。如果脾土太弱不足以生肺金，人就会得呼吸系统疾病。

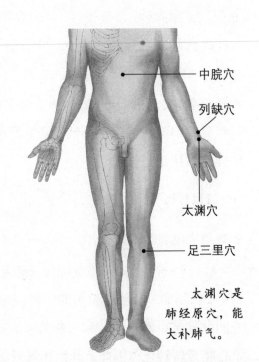

中脘穴

列缺穴

太渊穴

足三里穴

太渊穴是肺经原穴，能大补肺气。

● 如何才能脾胃与肺同养？

养肺健脾可多刺激太渊穴、列缺穴以及足三里穴、中脘穴。

太渊穴是肺经原穴，能大补肺气。它在腕横纹上，

脾以升为和，如果不升反降，这在中医里我们称之为"脾气下陷"。因为脾位于中焦，根据五脏配五方的理论，脾属于中央，所以脾气又称为中气，脾气下陷也叫中气下陷。脾气虚弱，气不升反而往下来，人的清阳之气不能上煦于头，就会出现不爱说话、脸色苍白、头晕的现象；中气不足，脾的运化功能失职，就会表现为不爱吃东西，即使吃了也会腹胀。此外，中气下陷，无力升举，就经常会出现腹泻、脱肛、子宫脱垂、胃下垂等病症。补中益气汤是治中气下陷最好的方子，可找专业医生进行辨证调养。

胃以降为顺，胃气不降反升，这在中医里叫胃气上逆，这时人就会出现恶心、呕吐、呃逆（打嗝）等症状。

去年，我治疗了一位中年女性患者，她伴有间断性呕吐3年多的时间，一遇到不顺心的事就会发作，而且一发作就是十多天，有时还伴有头晕、无力、口干等症状。多次求医无果。我发现她的脸苍白且没有光泽，舌红少苔，脉细数。我为其进行了多方面的诊断，后发现她这是肝气犯胃，导致胃失和降所致。后采用疏肝和胃、降逆止呕的方法，终于治好了她的病。一番感激自是不必言说，我再次强调她一定要保持好心情，且不可再伤肝伤神了，否

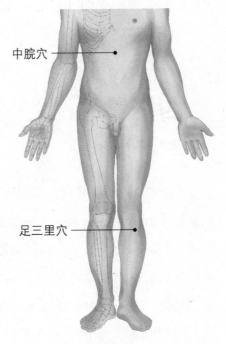

平时多按摩胃经上的足三里穴、中脘穴，可以强胃健脾。

则再好的药也治不好心病。平时还要多按摩足三里穴，中脘穴等，以强胃健脾。

不管怎么说，脾宜升则健，胃宜降则和，只有二者的功能协调才能保证我们所吃的东西能够正常消化、吸收和排泄，无论脾胃升降的哪个环节出了问题，都会影响到消化吸收乃至全身的病变。因此，维持脾升胃降的正常功能，在调理消化系统以及全身各系统病症中都具有非常重要的意义。

7 养好脾胃是"治未病"的关键

"四季脾旺不受邪"，这说明了在一年四季中，如果我们的脾胃的功能旺盛，就不容易受到病邪的危害。可以说，养好脾胃是"治未病"的关键。

生活中，我们常看到很多患有肝病的人，他们不是面黄体瘦，就是食欲不好、全身没劲儿……这是什么原因呢？从中医五行来看，肝属木，脾属土，如果我们肝气郁结，肝火太旺，就会出现肝对脾克伐太过的现象，导致脾气亏虚，出现食欲不振、全身没劲儿等问题。因此，我们在治疗肝病时，先要养好脾。

《金匮要略》中说"见肝之病，知肝传脾，当先实脾"，也就是这个意思。就是说，肝病最容易传脾，为了防治肝病，我们应"当先实脾"。"实脾"什么意思？就是"使脾气充实"，脾气充实，可以防肝病传给脾，也有利于肝病尽快痊愈。

有这样一位女性患者，34 岁，自诉有过一次人工流产史，可是自从那次流产后，她的月经就开始提前了。每次来月经时，刚开始血量比较少，颜色发黑，有血块，而且肚子疼得厉害。两三天后血量渐多，十余天才结束。我发现其舌淡红苔白，脉左弦细，右濡弱。这其实是血不濡养肝，使气血相争所致。中医认为，月经病的发生多是肝郁气滞、气滞血瘀所致。后来，我采用"治肝者当先实脾"之法，为其进行治疗，效果显著。

观其一角而窥其全貌。从"见肝之病，知肝传脾，当先实脾"中，我们可以看出，五脏之间存在相互联系、相互制约的关系，这种关系通常用五行的生克制化来说明。一脏有病，可以影响他脏，在治疗时我们应同时予以防治，这也就是我今天要说的中医"治未病"思想。

《黄帝内经》中说："圣人不治已病治未病，不治已乱治未乱。"还有："上工治未病，不治已病。"就是说，一个好的医生应该善治没有发生的病。

中医"治未病"包括三层含义：未病先防，既病防变，病后防复。

第一层含义：未病先防。意思是说，人应该在没有得病时候积极防治疾病的产生。能治这种没有病的病才是最好的医生。

生活中我们如何防病呢？《黄帝内经》中给了我们详细的介绍：一方面是"顺应天时，天人合一"，做到"春夏养阳，秋冬养阴"的原则；另一方面是"饮食有节，起居有常，不妄作劳"，以达到"精神内守，病安从来"的结果。

第二层含义：既病防变。得了病后一定要积极治疗并预防其发生传变而加重。"见肝之病，知肝传脾，当先实脾"便是这一思想的具体体现。再比如说，糖尿病是现代人常得的病，其实本身这个病没什么大不了的，它的并发症才是真正可怕的。可是很多人就是因为没有重视既病防变的思想，导致糖尿病出现了并发症。

第三层含义：病后防复。病好后得防止它再复发。生活中，很多人有点风吹草动就容易感冒，反复发作，这就是没有做好"病后防复"的工作。

脾胃作为后天之本，对中医"治未病"的思想有什么积极的意义呢？

《金匮要略》在"治未病"中强调脾胃的重要作用，指出"四季脾旺不受邪"，这说明了在一年四季中，如果我们的脾胃的功能旺盛，就不容易受到病邪的危害。可以说，养好脾胃是"治未病"的关键。

生活中，如果我们每个人都能认识到脾胃的重要性，平时做到"不治已病治未病"，及早预防，这样我们就可以"尽终其天年，度百岁乃去"！

8

脾和胃都照顾好了才是真的好

我们在养生的过程中，不要单独照顾脾，或单独照顾胃，而是要把脾和胃两者都兼顾到了，才会让我们的一生成为一次完美的旅行。

生活中，我们形容两个人之间交情深厚时常用一个词，那就是"肝胆相照"。从中医角度来看，肝与胆是相表里的，二者真的是相互照应，和谐共存的，一旦一方有了病，都会影响到另一方。

同样，我们的脾和胃也是相表里的，正如"肝胆相照"一样，脾和胃也是相互照顾的。因为胃生了病会伤及脾，脾生了病也会伤及胃。可以说，人体的后天营养充足与否，主要取决于脾和胃的共同作用。

《脾胃论·脾胃胜衰论》中说："夫饮食不节则胃病，胃病则气短精神少而生大热，有时而显火上行，独燎其面"。

《黄帝针经》云：面热者，足阳明病。胃既病，则脾无所禀受，脾为死阴，不主时也，故亦从而病焉。与古人相比，现代人的饮食变得越来越不节制了，或饥一顿饱一顿，或凉一口热一口，这样很容易出现胃病。《灵枢·邪气藏府病形》中指出："面热者足阳明病。"大家可以看看胃经经脉循行图，是不是胃经有一部分循行在面部？因此说，面红发热多是胃经上的问题。胃一旦生病了，受纳的食物就会大大减少，脾就不能把更多的水谷精微运送到全身各处，全身得不到充足的营养，自然就会生病。

《脾胃论·脾胃胜衰论》还说："形体劳役则脾病，脾病则怠惰嗜卧，四肢不收，大便泄泻；脾既病，则其胃不能独行津液，故亦从而病焉。"就是说，现代人有一个问题，就是不注意休息。也许有人会说："老板天天让我们加班，我们也没办法啊？"每个老板都希望自己的员工价值最大化，但员工是人不是机器，你有权利有理由让自己得到一定的休息。

从中医角度来看，过度劳累会伤脾气，脾气亏虚，脾的运化无力，就不能很好地为全身各处运送水谷精微，于是就会出现犯困，身上没劲儿，四肢无力，大便泄泻的情况。脾一旦生病了，胃就不能自己正常运化津液，也就跟着出问题了。

综上所述，我们在养生的过程中，不要单独照顾脾，或单独照顾胃，而是要把脾和胃两者都兼顾到了，才会让我们的一生成为一次完美的旅行。

9

不管得了什么病，只要能吃就是好兆头

人吃饭是靠胃气的，所以说，一个人不管得了什么病，只要能吃就是好兆头，这说明他还有胃气。

我们的胃之所以能受纳饮食与腐熟水谷，主要是依靠胃气的作用。胃气，从狭义上说是指胃的消化功能，而在中医里，胃气实际上是一个广义的概念。

中医认为，胃气可以包含人体的元气、正气、真气、宗气、卫气。李东垣提出"人以胃气为本"，并在《脾胃论》中指出："胃气者，谷气也，营气也，运气也，生气也，清气也，卫气也，阳气也。"

胃气有什么作用呢？《灵枢》说："五脏六腑皆禀气于胃。"明代医家张景岳也说过："土气为万物之源，胃气为养生之主。胃强则强，胃弱则弱，有胃则生，无胃则死，是以养生家必当以脾胃为先。"可见，人是以胃气为本的。

历代医学家都很重视保护胃气，因此有"有胃气则生，无胃气则死"的论述。也就是说，一个人病了，很严重，可是这个人的脉象里还有胃气，说明他还有可能治愈。相反，如果这个人脉象里没有胃气了，那样就很危险了。

人吃饭是靠胃气的，所以说，一个人不管得了什么病，只要能吃就是好兆头，这说明他还有胃气。

人一旦生病了，脾胃就会受到损伤，脾胃运化功能减弱导致胃气虚弱，不爱吃东西。因此，一个人在生病的过程中或病后进行调养时，都应注意调养脾胃。

张景岳在《景岳全书》中说："凡欲察病者，必须先察胃气；凡治病者，必须常顾胃气。胃气无损，诸可无虑。"《中国医学大辞典·胃》也说：胃气，"无论治何疾病，皆宜首先保护。"人在生病后，一个好的医生首先是去养护病人的胃气，以保障病人的生命，然后再去治疗疾病。但是很多庸医不明白这个道理，他们甚至在病人病情危重的时候选择损害胃气的治疗方法，导致病情难以控制。

平时我们如何养胃气呢？养胃气，应该慎饮食。我们看看周围，有很多人特别喜欢喝一些冰果汁、冰咖啡、冰啤酒等饮品，短时间内可能没有感觉身体有什么问题，可是时间长了，一些人就会出现经常性腹泻、便秘等问题，还经常性感冒，小毛病总是不断。这其实是伤了胃气，损伤了人体的抵抗力。

如何做到谨慎饮食、保护胃气呢？我们在第2章有详细的介绍，大家可以参考阅读。

脾胃的好坏直接影响着人的胖瘦

太胖了不好，太瘦了也不好，不管是胖了，还是瘦了，我们都应该好好"审查"一下自己的脾胃是否健康。

现代人的生活条件越来越好了，可是有的人是胖得离谱，而有的人却是瘦得离谱，一点都不均衡，为什么会出现这种情况呢？

人变肥胖的类型有很多，原因也有很多，但是对于大多数人来说，他们肥胖的根本原因是本身胃中元气旺盛，吃得多，而且吃多了也不会伤胃。李东垣在《脾胃论》中说："胃中元气盛，则能食而不伤，脾胃俱旺，则能食而肥。"可谓是一语中的，概括出了肥胖形成的根本原因。这种肥胖是现代医学里说的单纯性肥胖，很多青少年小胖子多是这种情况。对于这种情况，最根本的办法就是控制饮食，少吃肥腻食物，多进行一些减肥运动。

有的人脾胃虚弱，平时吃东西很少，这种情况下多数人会变瘦。但是也有的人吃东西少却会变胖，这种胖是虚胖，而且这种人手脚都感觉没劲儿。我周围有很多朋友都是这种情况，用手一按他们身上的肉，一按一个坑儿，平时他们也是懒洋洋的，没什么活力。为什么会出现这种情况呢？他们的肥胖主要是因为脾气壅阻、痰湿内盛所致。

有的人可能会说我也挺能吃，不一会儿还饿，但就是不胖，反而还瘦了，是怎么回事？这种情况在中医里叫消谷善饥，是因为胃火炽盛所致。胃是主受纳的，你本身胃火大，食物消化得快，食物进入胃里就像是干柴投入烈火中，一会儿就烧没了。若此时你的脾气再亏虚，则脾运化无力，不能把营养输送于全身，而身体肌肉得不到营养，自然就瘦了。这也是胃热炽盛型糖尿病的一个典型症状。

太胖了不好，太瘦了也不好，不管是胖了，还是瘦了，我们都应该好好"审查"一下自己的脾胃是否健康。

11 调理好脾胃是拥有"好面子"的前提

女人想要变美就要补益气血，而脾胃是气血生化之源，因此补脾胃就是补气血，是让自己变美的前提。

问世间哪个女人不希望自己变美丽？可是时间的脚步是留不住的，再加上现代人的饮食过于精细、工作压力过大、运动量少、环境恶化等原因，导致很多人的面色失去了往日的光彩，肌肤变得晦暗粗糙，斑点多多，再高明的美容师，恐怕也难掩其憔悴之态。

很多女性朋友为了留住青春、让自己变得更美丽，可谓是费尽心思、想尽办法，四处寻找所谓的灵丹妙药。有的人不惜花高价买进口化妆品，企图用化妆品来掩盖自己即将褪去的美丽。殊不知，使用化妆品美容就如同扬汤止沸。往沸腾的水里加一些凉水，虽然暂时可以止沸，但这种方法是治标不治本的，过一会儿水还是会沸腾的。最好的办法就是抽掉锅底的柴草，即釜底抽薪，便会从根本上消除了水沸的基础或依靠物。

因此，想要美容，我们要从根本上想办法。对于一个女人来说，气血充足才会有好面子。气和血是人体生命活动的动力源泉，气是血的统帅，血是气的母亲。血是物质性的，它输送到人体各处，为身体提供必要的营养；气是功能性的，它推动着血液的正常运行。说得通俗一点就是，气和血就好比汽车的电和汽油，电是无形的，油是有形的，缺了谁都不行。

人在年轻的时候，气血旺盛，运行正常，容颜也靓丽；到了老年，人的气血亏虚，人也变得老态龙钟了。反过来说，如果你身体的气血提前失调，那么用再好的化妆品、天天去做美容，也不会从根本上延缓衰老。尤其是女性朋友一过了 35 岁（《黄帝内经》认为，女子"五七，阳明脉衰，面始焦，发始堕"），气血亏虚得厉害，月经、怀孕、生孩子、哺乳这些时期都严重地损耗着身体的气血。看看周围那些结完婚生过孩子的女性，有几个还能像以前一样保持光鲜的。

女人想要变美就要补益气血，而脾胃是气血生化之源，因此补脾胃就是补气血，是让自己变美的前提。

胃是水谷之海，仓廪之官，且为多气多血之腑。朱丹溪在《局方发挥》中说："胃为水谷之海，多血多气，清和则能受。"其意是说，胃就像大海一样，什么气啊、血啊都存在这里，只有胃的功能正常，这个大海才能变得平静。而脾是主运化的，运化营养精微，同时脾还主肌肉，这样营养精微通过脾的运化，输布于全身，包括肌肉。因此，脾胃功能正常，人就会气血旺盛，面色红润，肌肤也有很好的弹性。

脾除了运化水谷精微以化生气血外，还主运化水湿，即脾对体内水液的吸收、转输和布散起着促进的作用。如果脾运化水湿的功能失常，则会出现水湿停滞，产生痰饮等病理产物。比如说，眼睑下垂、眼袋、颜面浮肿等，多是因水湿运化不利所致。水湿停聚化热上冲，熏于颜面，又会出现青春痘、酒渣鼻等皮肤病。

我们前面还说过，女性朋友一生要经历月经、怀孕、生孩子、哺乳这些生理活动，而这些生活是依靠脏腑、经络、气血的共同作用来完成的。脾胃是气血生化的源泉，因此这些生理活动也要依赖脾胃的调节。脾胃健旺的女性朋友，能吃能睡，精血充沛，月经也会定期到来，怀孕生育也会正常，生的孩子也有足够的奶水吃；一旦脾胃失常，就会出现月经少、流产、胎儿保不住、产妇母乳不足等问题。

对于气血不足者，我们可以通过刺激穴位的方法进行补气养血，其中气海穴、膈俞穴、足三里穴、三阴交穴都是既能补气又能养血的常用穴。

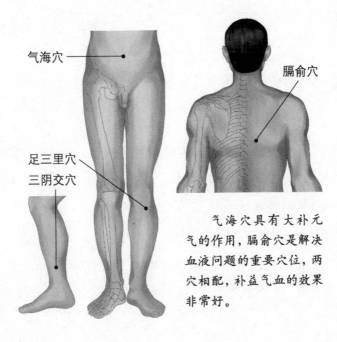

气海穴

膈俞穴

足三里穴
三阴交穴

气海穴具有大补元气的作用，膈俞穴是解决血液问题的重要穴位，两穴相配，补益气血的效果非常好。

气海穴具有大补元气的作用，膈俞穴是解决血液问题的重要穴位，两穴相配，补益气血的效果非常好。足三里穴和三阴交穴分别属于胃经和脾经，是补气血之源脾胃的。除了膈俞穴外，其他3个穴我们都知道了位置，那膈俞穴在哪呢？它在我们的背部，当第7胸椎棘突下，左右旁开2指宽处。该穴疗效明显，刺灸该穴可起到养血通脉、理气止痛作用。

用这几个穴位补气血，灸法效果比较不错。我们可以用艾条对每个穴位进行温和灸10~20分钟。只要我们能长期坚持，就会让我们变得气血十足、美丽动人。

⑫

脾胃健运是长寿的基础

养 脾胃意在养元气，养元气意在养生命。

脾胃健运是决定人寿命长短的重要因素。《图书编·脏气脏德》指出：“养脾者，养气也，养气者，养生之要也”。可见，脾胃健运是人们健康长寿的基础。

《黄帝内经》中有这样一句话：“上古之人，其知道者，法于阴阳，和于术数，食饮有节，起居有常，不妄作劳，故能形与神俱，而尽终其天年，度百岁乃去。”这其中，饮食有节对健康长寿具有非常重要的影响。现代人在饮食上特别不注意，一旦饮食失宜，就会造成脾胃受损。脾胃运化功能失常，气血化源不足，人的面色就会变得萎黄，皮肤毛发也变得没有光泽，肌肉也会变得消瘦，外邪会侵入身体，则人自然难以长寿。

人的健康长寿还与元气的盛衰有重要的联系，而元气的盛衰取决于脾胃的强弱。李东垣认为："元气之充足，皆脾胃之气所无伤，而后能滋养元气；若胃气之本弱，饮食自倍，则脾胃之气既伤，而元气亦不能充，此诸病之所由生也。"

李东垣为了强调脾胃对于长寿的意义，还引用了《黄帝内经》中的"阴精所奉其人寿，阳精所降其人夭"的论述并加以阐发。这句话什么意思呢？就是说，阴精上奉的地方，阳气固密而不容易外泄，所以在这个地方生活的人多长寿；阳精所降的地方，阳气容易发泄而不固密，这个地方的人多短寿。

李东垣进一步说："阴精所奉，谓脾胃既和，谷气上升，春夏令行，故其人寿；阳精所降，谓脾胃不和，谷气下流，收藏令行，故其人夭。"此语意在阐述，脾胃是我们的后天之本，是水谷之海，是气血生化的源头，脾胃健运则元气生化不绝，因此人体元气充实与否关键在于脾胃元气的盛衰。

总而言之，人的脾胃出问题了，元气就会衰弱；元气衰弱，人就会早夭。因此，养脾胃意在养元气，养元气意在养生命。

温补脾肾扶正气，四大穴位是灵丹

两个人生活在同一环境里，为什么有一个人会动不动就感冒，而另一个人没问题呢？就是因为后者的正气足。

你在生病的时候有没有想过：为什么你会生病？生病的根本原因在哪儿？中医认为，疾病的过程就是人体正气和邪气相互斗争的结果。外邪是致病的条件，但从养生保健角度来看，正气不足是机体功能失调、产生疾病的根本原因。

有人可能会问了，你一会儿说是元气受损人会生病，一会儿又说正气不足人也会生病，是不是有点乱啊？其实一点都不乱。正气是什么？从中医角度看，正气是表明元气抵御邪气的功能，它是与病邪相对来说的。用现代话说，正气包括了自我调节能力、适应环境能力、抗病能力和康复自愈能力等。这样我们就明白了。

两个人生活在同一环境里，为什么有一个人会动不动就感冒，而另一个人没问题呢？就是因为后者的正气足。《素问遗篇·刺法论》中说"正气存内，邪不可干"，一个正气旺盛的人，邪气怎么会侵犯我们的身体呢？

为什么现代人动不动就生病？因为受诸多因素（如饮食不节、缺乏运动、情志不调等）的影响，导致正气不足，才会让邪气有了可乘之机。而正气是生命之根，生命力的旺盛、寿命的长短，全在于机体正气的虚衰盈亏。

有些人可能会说，你看我平时很少生病，我的正气很足。是的，这样人的正气确实很足。但我要提醒这样的人，你一旦因疏忽大意而生了病就会是大病。因为你把正气的门槛设得太高了，一旦邪气侵犯就会是大问题，因为此时的邪气是非常厉害的。《素问·评热病论》中说："邪之所凑，其气必虚。"邪气之所以能侵犯你，让你生病，根本原因在于与你的正气相比，现在的邪气已经有所虚弱了，邪气本身的侵犯能力已高过了你现有正气的抵御能力。

养生养什么？其实就是养人体的正气。因此，我们强调养生保健从根本上讲就是如何扶养正气，提高自己的防御能力、抗病能力以及病后的自我修复能力。《金匮要略》治疗杂病的最大特点就是注重扶持我们人体的正气，而扶正之中，又贵在于脾肾。

为什么这样说呢？肾是先天之本，脾胃是后天之本。脾肾一虚，正气则虚，邪气则盛。因此扶养正气贵在温补脾肾。相对来说，中医很多专家更主张补脾胃，认为脾胃的强弱是决定寿命的关键。《景岳全书》中说："土气为万物之源，胃气为养生之王，胃强则强，胃弱则弱，有胃则生，无胃则死，是以养生家必当以脾胃为先。"通过调理脾胃，能够提高人的抗病能力，对整体状态进行调整，可以防止衰老。

中医认为，温补者，莫过于灸法，灸者，乃艾之火攻，能壮人阳气，益人真阴。在这里，"灸"就是平时我们说的艾灸。艾灸有6大功效：通经活络、行气活血、祛湿逐寒、消肿散结、回阳救逆、防病保健。古人云："针所不为，灸之所宜。"灸法虚寒者能补，郁结者能散，有病者能治，无病者灸之可以健身延年，这说明灸法在某些方面是优于针法的。

灸哪里才能温补脾肾呢？宋代医家窦材在《扁鹊心书》中告诉我们："人于无病时，长灸关元穴、命门穴、气海穴、中脘穴……虽未得长生亦可保百年命矣。"以上窦材提到的4个穴位，是温补脾肾、扶养正气、延长寿命的要穴。

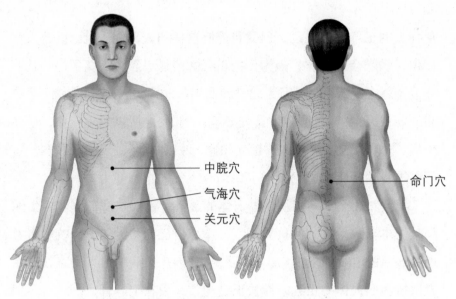

中脘穴

气海穴

关元穴

命门穴

关元穴、命门穴、气海穴、中脘穴是温补脾肾、扶
养正气、延长寿命的要穴。

关元穴、气海穴、中脘穴前面我们都提过。关元穴是元气出入
的"关卡"；气海穴是阴中之阳、元气之海；命门穴在腰部第 2 腰椎
棘突下的凹陷中。命门，顾名思义，它是人体的生命之门，具有温
煦、推动五脏六腑之阳气的作用。尤其是脾胃，更需要有命门之火
的温煦，才能发挥正常的运化功能。

我们每天可以对这 4 个穴位进行艾灸 15~20 分钟，以皮肤发红
为宜，可强壮元阳、理脾和胃，有增强抗病能力的作用。对于忙碌
的现代人来说，平时也可以多按摩这几个穴位。

有人可能会问，这几个穴位我先灸哪个，后灸哪个啊？有没有
顺序啊？有，我告诉你这个顺序是：先灸上部，后灸下部；先灸背
部，后灸腹部；先灸头部，后灸四肢；先灸阳经穴位，后灸阴经穴
位。这样我们就可以先灸背部的命门穴，然后再分别灸腹部的中脘
穴、气海穴、关元穴。只要我们掌握了这个顺序以及方法，艾灸所
带来的一切恩惠，我们都能得到充分的享受！

第2章

保养脾胃，
从饮食开始

脾胃是后天之本，是气血生之源。胃是主消化的，脾是主运化的，我们身体所需的营养物质，进入胃以后，通过胃的消化吸收，再由脾把营养物质运到全身，以备身体各方面功能需要。可以说脾胃就是生产力，有了这个生产力，各种营养才会源源不断地输送到全身各处，以使身体得其所需。

掌握食物属性才符合脾胃的养生之道

食物本身并没有好坏之分，关键是你要根据自己的体质来选择适合自己的食物。就是说，你是什么体质，就应该在什么季节、什么地域吃什么样的食物。

快节奏的生活，让现代很多上班族稍不注意就频繁出现烧心、反酸等胃病。很多人认为忍忍就过去了，其实这是大错特错。

我有一位朋友，现在是某外企公司的高层了，事业家庭可谓是一帆风顺，就是有点小胃病。别看毛病不大，可每次都让他痛不欲生。这都是他不注意饮食惹的祸。因此，在这里奉劝年轻的朋友们，任何时候都不能虐待自己的脾胃，一旦伤了胃气，再想治就难了。

有人可能问了，平时我们如何养好脾胃呢？我告诉大家，最好的办法就是给它好食物。

什么样的食物才是好食物呢？上古之人通过对食物的外形与味道，食物进入我们身体所产生的寒、热、温、凉作用，向上向外或向下向内作用的方向，以及食物生长的地点、气候、季节的不同，来判断食物的属性。最后，根据食物的性质把它们分为温、热、寒、凉、平五性。根据这食物五性，我们可以对症待之，这样可以让食物与脾胃不打架、在体内相处和谐。

也就是说，食物本身并没有好坏之分，关键是你要根据自己的体质来选择适合自己的食物。就是说，你是什么体质，就应该在什么季节、什么地区吃什么样的食物。比如说，你是热性体质，你可以选择寒凉的食物，如鸭肉、小米、黄瓜、西瓜、梨等来进行平衡；如果你是寒凉体质，你可以选择多吃温热性质的食物，如牛羊肉、韭菜、生姜、洋葱等。当然，还有季节、地区的差异，但这是一个总的原则，具体情况我们再具体对待。

看看我们周围，为什么很多人现在的生活水平提高了，吃得好了，住得好了，但是心态却变得越来越躁了呢？显然，整天吃牛羊肉等热性食物，人的身体也相继出现了阴阳失衡的状况。这些肉类食物多为热性食物。从阴阳角度来看，热为阳，常吃这些热性食物，人的心态便具有了与"阳"相似的特性，变得内心烦热、躁动不安了。因此，我们在吃大鱼大肉的同时，别忘了给自己加道"凉菜"调养一下脾胃，像大部分蔬菜、水果都属于"凉菜"范畴。

此外，我们还应该不断地去适应周围的气候变化所带来的温热寒凉。也就是说，春天你该吃什么，夏天你该吃什么，秋天你该吃什么，冬天你该吃什么，这都有一个规则。这便是老祖宗留给我们的顺时养生的精髓。比如说，天热的时候，你可以吃一些清热凉爽的食物，天冷了多吃一些温热的食物，这样才能与大自然保持一种平衡。

在很多就诊的病人中，有很多人是因猛吃冰镇食物，猛喝冰冻饮料等，"冻坏"了自己的胃，导致胃病出现或反复发作。

脾胃最怕寒凉的食物，这个"寒凉"不单单指我们说的冰冷食物，还包括它的属性。像香蕉、西瓜这些都是寒性食物，吃多了影响消化、吸收。因此，胃肠不好的人尽量少吃寒性水果，多吃温热性水果，如桂圆、荔枝、桃等。

凡事都要有一个度，我们说天热了吃点凉性食物，可清热降温，但是不能贪多。很多人喜欢在炎热的夏天里大量吃西瓜，西瓜的本性是寒凉的，吃多了是要伤脾胃的，会出现食欲不佳、消化不良及胃肠抵抗力下降等问题，所以夏天吃西瓜等性寒凉的水果时，一定不要贪多。另外，像冰镇啤酒、冰棍、雪糕更要少吃为妙。

当然，这只是对大多数人的建议，具体该怎么吃，我们还要辨症对待。

常见食物属性举例

热性食物	辣椒、胡椒、肉桂
温性食物	糯米、黑米、高粱、黄牛肉、羊肉、狗肉、带鱼、鲢鱼、桃子、大枣、杏、葱、大蒜、韭菜、香菜、洋葱、南瓜、生姜、花椒
寒性食物	鸭蛋、马肉、螃蟹、田螺、柿子、香蕉、猕猴桃、西瓜、马齿苋、空心菜、海带、紫菜、苦瓜
凉性食物	小米、薏米、绿豆、鸭肉、兔肉、梨、西红柿、芹菜、茄子、油菜、菠菜、黄花菜、莴苣、藕、冬瓜、黄瓜、绿茶
平性食物	大米、玉米、黄豆、扁豆、黑豆、燕麦、猪肉、牛奶、鲫鱼、李子、菠萝、葡萄、花生、榛子、板栗、山药、胡萝卜、土豆、香菇、豆浆、豆油
说明	其实，生活中纯性热的食物很少，平时我们所说的性热食物，还包含性温的食物

五味入五脏，五味均衡保健康

《**素**问·生气通天论》中指出："谨和五味，骨正筋柔，气血从流，腠理以密。"

大家都知道，我们说平时饮食要讲究科学，但吃得饱、吃得多并不一定代表吃得好。吃得好就是说身体所摄入的各种营养的比例合理，符合身体对各种营养物质的需要，摄入的能量与消耗的能量大体一致。这样的饮食方式才是最科学的。

什么样的食物才符合身体的需求呢？中医里讲，食物的味道无外乎五种，即酸、甜（甘）、苦、辣（辛）、咸，这五味在人体里分入五脏。若我们能将这五味合理摄入，便可使身体所需营养达到一种平衡。

◇◇ 五味适度保五脏

《素问·宣明五气》指出："酸入肝，辛入肺，苦入心，咸入肾，甘入脾。"具体如何分入五脏呢？

1 **酸入肝**：就是说酸味食物如山楂、橘子、食醋等，有增强消化功能和保护肝脏的作用，常吃不仅可以助消化，杀灭胃肠道内的病菌，还有防治感冒、降血压、软化血管的功效。酸的食物还可以解酒，促进胆汁和胰脏消化液分泌，以防胸胁满胀。

酸也能收敛，比如说男性朋友的前列腺肥大、女性朋友产后尿失禁、白带太多，或拉肚子，通常都可以用酸来收敛。中医学讲到

第2章 保养脾胃，从饮食开始

55

酸，都会连带提到"涩"，酸、涩两个合在一起，涩有收敛的意思。收敛包括伤口的收口愈合，食物中以酸梅最典型，醋也一样。

2 辛入肺："辛"即为辛辣，"辛"有尖锐而强烈之意。我们常吃的葱、蒜、姜、辣椒、胡椒都是以辛辣为主的食物。辛味食物具有通利肺气、通窍达表、通顺血脉的"三通"的作用。

辛还有一个功能就是可解痉，意思是说对于肌肉紧张引起的头痛、偏头痛、肌肉关节疼痛，或者心脏血管收缩痛，这时候给予一点辛，往往可以收效。

3 苦入心：苦味具有除湿和利尿的作用。平时适当吃些苦味食物以清心泻火，比如苦瓜、萝卜叶、大头菜等。

中医讲，苦味入心经、心包经、小肠经，所以心火旺（包括打针的过敏反应，红肿热痛等）或小肠经旺（小肠、十二指肠感染、发炎，引起拉肚子、溃疡、糜烂，或熬夜后舌头肿胀刺痛，好像被烫到一样）时，可通过吃一些苦味食物来缓解。

4 咸入肾：中医讲的"咸"不是专指盐，而略相当于现在讲的"矿物质"，包括咸寒、咸凉、咸温、咸干、咸平多种。咸味能滋养肾气，有调节人体细胞和血液渗透、保持正常代谢的功效。呕吐、腹泻、大汗之后喝一点淡盐水，可以保持正常代谢。

5 甘入脾：就是说适当吃甜的东西如山药、香蕉、大枣等，可补养脾胃，补充人体的热量，解除身体疲劳。

甜味还会使人放松，所以工作压力大的人适当吃点甜食可以睡得很香甜。冬天吃些甜食减少忧郁、低潮、沉闷。甜食不一定是糖果、饼干、点心、水果，事实上很多含淀粉、果糖的食物就很适合。

◇◇ 五味偏嗜伤五脏

看看以上"五虎上将"，可谓是各具功效，但是对每味过于偏嗜，是不可取的。一个大将再有本事，面对强敌，不取联合之道，自然将自己累死。

很多时候，我们在生活中对食物的需求与营养无关，只是对某种口味的惯性依赖而已。比如说，很多南方的朋友特别爱吃辣，这与南方的气候有关，南方湿气大，吃辣可以除湿，这是人与自然相应的一种平衡机制。但北方地区就不同了，除了农历六月暑湿之外，大多数的时候都是比较干燥的，此时若再多吃辣的就会使肝火上炎，容易上火。

中医里讲中庸之道，凡事要讲究一定的度。五味入脏，五味适量、均衡，方可补益脏器，但偏嗜某一味，某一味过重，都会伤害相应的脏器。比如说，我们工作时比较累了，吃上一块糖，就会感觉有劲了，因为脾胃属于中焦，甘入脾，这样及时补足了中气。可是，甜味食物吃多又会伤害到肾脏。《素问·五脏生成》中有言："多食甘，则骨痛而发落。"如果过多地食用甘味食物，就会伤害到肾脏，引起骨骼疼痛甚至不能站立，还会使头发脱落。因为，甜味在五行里属于土，肾属水，脾土太过就会克制肾水。

因此说，只有五味均衡、营养均衡，我们的脾胃才会健康，我们的身体才会健康。正如《素问·生气通天论》中指出："谨和五味，骨正筋柔，气血从流，腠理以密。"什么意思呢？就是说，我们平时应当慎重地调整饮食的五味，使它既不要太多，也不要太少，应该是调配适当，这样才能使我们的骨骼结实强壮，筋脉变得柔和灵便，气血充足流畅，肌肉丰满，皮肤细腻。

3 饥饱无常是脾胃受损的导火索

饮食要讲科学，食不可求饱，也不可过饥。那究竟吃到什么程度才算正好呢？无数的事实证明，每顿饭吃七八分饱是最舒服的。口中还留有食物味道，让人回味无穷。

中医讲，脾胃有三怕：一怕生，二怕冷，三怕撑。前面我们讲过，生冷的食物，如各种冰冻饮料、雪糕、生的蔬菜水果等，会带着寒气进入身体，最容易伤及脾胃。除此之外，脾胃还最怕撑，平时你如果经常是饥一顿，饱一顿的，脾胃肯定受不了。

可以说，平时的饮食饥饱失常是我们脾胃受损的导火索。

有一位白领朋友，平时工作特别的忙。他常向我说起他的胃。他的胃有时特别的难受，心中有一阵阵的燥热，有时还会有酸水涌出，让他有一种快窒息的感觉。平时自己也只是拿一些健胃药顶着，吃完药后还是如往常一样加班工作。我多次劝他要注意身体，他只是苦笑，没办法啊！后来我发现他的饮食也是非常不规律，有时早餐不吃，有时午餐省略，只等到晚上回家后才大吃晚餐。经常是这样的饥一顿，饱一顿的。我就明确对他说，如果你不改变你的饮食习惯，你这个病好不了。

像我朋友这样饥饱失常又忙于工作的人，在现实生活中太多了。而饥饱失常必然导致脾胃受伤，脾胃受损，自然疾病丛生。《素问·痹论》中有一句话极为经典："饮食自倍，肠胃乃伤。"其中的意思很明显，吃得太多了就会损伤我们的肠胃。明代医著《医学正传》一书在"胃脘痛"一节就有这样的论述："致病之由，多由纵恣口腹，喜好辛酸，恣饮热酒，复餐寒凉生冷，朝伤暮损，日积月深……故胃脘疼痛。"可以看出，饮食无节制，时饥时饱，过饥过饱，或偏食，或进食不洁食物，都是胃痛发生的重要原因。现代一些胃肠专家的临床经验也显示，几乎所有的暴饮暴食者都是肠胃疾病患者，而且因饮食不节致死者大有人在。

生活中，还有一些人片面地理解食物的营养价值，认为什么食物的营养价值高，就应该多吃点，这样身体就会好，结果饮食无度反伤胃气。我曾遇到过这样一位小患者，平时总是爱拉肚子，不爱吃东西，面色也不好看，做了很多的检查也查不出结果，后来求治于我。我刚开始也是百般思索，不得其解。后其家人告诉我说这个孩子平时总爱在饭后吃西瓜、梨等水果。我判断这个小患者可能是过食生冷，使中阳受损。后嘱其家人，让孩子改掉饭后吃水果的习惯，一周后果然见效。其间我又为其开药一剂，一个月后身体无恙。

中医养生学十分重视养生的尺度，养生追求的是一种"适中"，超过一定限度的东西，无论是外界的还是自身的都会出问题。

我们强调，饮食要讲科学，食不可求饱，也不可过饥。那究竟吃到什么程度才算正好呢？无数的事实也证明，每顿饭吃七八分饱是最舒服的。口中还留有食物味道，让人回味无穷。如果偶尔吃得过饱，进餐半小时后，一定要进行必要的体育运动，如散散步、打打太极拳等，都是不错的选择。

让三餐成为脾胃健康的基石

饮食一定要定时，要有规律，这样才能使身体及时获得维持生命的营养素。饮食的定时原则，就是要做到"早餐宜好，午餐宜饱，晚餐宜少"。

人人都知道，一日三餐很重要。《千金要方》说："饮食以时。"其意是说，饮食一定要定时，要有规律，这样才能使身体及时获得维持生命的营养素。饮食的定时原则，就是要做到"早餐宜好，午餐宜饱，晚餐宜少"。

可以说，一日三餐吃好了是养脾胃的根基。可是怎样的早餐才算好、午餐才算饱、晚餐才算少呢？

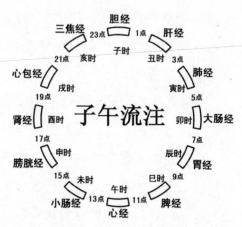

◇◇ 怎样的早餐才算好

有人说吃早餐好，也有人说不吃早餐好，究竟是好还是不好呢？但有一点是肯定的，一日三餐的法则是从古留传至今的，从养生的角度来说，是有利的。

根据中医子午流注学说来看，辰时（早上7~9点，此时胃经值班）吃早餐最好，能养护胃气；未时之前（下午1点之前，此时小肠经当令）吃午餐最好，此时是保养小肠最佳时段；酉时（17~19点）吃晚餐最好，不要太晚，否则会导致"胃不和则卧不安"。

现代人整天忙于工作，早上刚从床上爬起来就上班，没有吃早餐的习惯。而长期不吃早餐对胆囊是有很大危害的。现代医学的解释是，不吃早餐会使胆汁在胆囊中存留时间过长，容易使胆汁浓缩形成结石。这就好比是，流动的水不容易发生淤堵，而不动的湖泊就容易存积淤泥。

根据中医子午流注学说来看，辰时（早上7~9点，此时胃经值班）吃早餐最好，此时胃气充盛，吃好早餐可养护胃气。生活中，有一些女孩子为了减肥，早上刻意不吃早饭。这其实大可不必，因为辰时是阳气比较旺盛的时候，这时候吃再多的早餐也很容易消化。

早餐吃什么好呢？从中医角度来看，早餐最好选择温热的食物，这样才可以很好地保护胃气。你可吃一些热的小米粥、大米粥、燕麦粥，然后再配着吃一些青菜、面包、水果、点心等。实在是急于上班，也要饮上一杯热牛奶，或是热豆浆等。

◇◇ **怎样的午餐才算好**

很多人不吃早餐，到了中午一顿海吃豪饮，吃得过饱，难免让脾胃受累。我们强调午餐宜吃饱，但也不宜过饱，凡事都要有一个度。

对于上班族来说，午餐不管吃什么，以吃七八分饱为宜，并注意搭配，可以多吃蛋白质和胆碱含量高的肉类、鱼类、禽蛋和大豆制品等食物，因为这类食物能使头脑保持清醒，对理解和记忆功能有重要作用。另外，还可以多吃些瘦肉、鲜果或果汁等脂肪含量低的食物，要保证有一定量的牛奶、豆浆或鸡蛋等优质蛋白质的摄入，这样可以使人的反应灵活，思维敏捷。

吃午餐前最好喝点汤，这样可以很好地调摄胃气。午餐最好在未时之前（也就是下午1点之前）吃完，未时是小肠经当令，是保养小肠最佳时段。如果在未时之前吃完午餐，可以在小肠精力最旺盛的时候把营养物质都吸收进人体。

◇◇ **怎样的晚餐才算好**

晚餐应在酉时 (17~19 点) 完成，不要太晚，否则会导致"胃不和则卧不安"。

晚餐总的原则是宜少不宜多，可选择一些清淡的食物，如汤粥类的食品，辅以一些小菜，既有丰富的营养，又容易被人体消化吸收，不会增加胃肠的负担。

快乐的、健康的生活应该从吃好一日三餐开始，这样您以后的每一天也就变得健康快乐了。

5

吃得好才是福
——脾胃喜欢细碎的食物

想要减少脾胃的负担，就要细嚼慢咽，最好坐下来，像老奶奶一样，从容地、慢慢地吃掉桌上的食物。

周围的人常问我脾胃平时喜欢什么样的食物啊？那我告诉大家，脾胃最喜欢吃细碎的食物，吃东西时细嚼慢咽可以减轻脾胃的工作量，不至于把它累坏了。

看看我们现在的生活——随着快节奏生活的到来，现代人吃饭的速度也跟着越来越快了，不管是大鱼大肉，还是蔬菜水果，大多放到嘴里还没有嚼几口就直接进去了。用"囫囵吞枣"来形容现代人的饮食特点，一点儿都不无过。为什么会这样啊？他们急啊，急着上班，急着工作，急着喝酒，急着打麻将……所有的一切都是快节奏的。

可以说，快节奏的生活让现代人的脾胃直接受累。想要减少脾胃的负担，就要细嚼慢咽，就要坐下来，像老奶奶一样，从容地、慢慢地吃掉桌上的食物。

国外医学史上曾经有这样一段记载：有一位学者根据自己的理论亲自进行试验：他每餐不过30口，但每口食物都要反复咀嚼，直到嚼得很细很细才咽下肚。数十年过去了，他虽然变得老了，然而他的健康状况却明显好于同龄人。可以看出，细嚼慢咽于我们的身体极为有益。

《医说》中指出："食不欲急，急则伤脾，法当熟嚼令细。"《养病庸言》中也说："不论粥饭点心，皆宜嚼得极细咽下。"明朝的《昨非庵日纂》云："吃饭须细嚼慢咽，以津液送之，然后精味散于脾，华色充于肌。粗快则只为糟粕填塞肠胃耳。"您若想进一步证实慢食的学问，还请翻开犹太教法典，书中曰："慢食者长寿。"因此，我们要养护脾胃，在食物的选择上一定要选择易消化，温度适宜、不烫不凉，可口的食物；在进食方式上，要严格遵守细嚼慢咽的原则。

此外，对于一些脾胃虚弱的人来说，平时吃一些粥汤类和细碎稀软的食物是很好的养护方法。你看，那些刚出生的小孩，脾胃的功能都是比较弱的，所以他们在刚出生时只能靠母乳喂养，然后才慢慢地去喝粥，再去吃一些细碎稀软的食物，直到生长发育到一定程度，脾胃功能健全了才能吃干饭。

6

主食是补气血的主要原料

很多时候，养生就是从身边的事做起，就是从身边最常见的事物中发现真理，而现代人往往忽视了这一点，这不能不说是一种遗憾！

大家都知道，气血流通是人体的正常生理功能。我们的身体就像是一个小天地，有一个小循环，脏腑经络，气血流通，循环不息。只有我们的气血充盈润泽，生命才能旺盛、才会强壮。

现代人尤其是都市的上班族多是处于亚健康状态，每天朝九晚五的生活，再加平时饮食不规律，工作压力大，又缺乏运动，时间一长就会出现腰酸背痛、失眠、神经衰弱、手脚冰冷等问题。为什么会这样呢？这就是我们体内的气血出现了问题。

气血能支持、供养、调节脏腑的功能活动，如果我们的气血受损，就会影响到脏气的运行，脾胃升降及其枢纽作用受到抑制，进而清阳之气不能散布，后天之精不能归藏，饮食水谷无法摄入，废浊糟粕无法排出，继而可变生多种病症。因此，想要脾胃健康、身体健康，先要补益好气血。

要补气血，先了解一下气血从何而来。有人说了这还不简单嘛，血肯定是从心脏里来的。没错，但这只是单方面的认识。因为我们的心脏只是管理血脉的，并非是血的源头。那气血的源头在哪儿呢？我们说过了，脾胃为气血之源。中医里讲，胃主食，水谷精微进入胃里以后，通过脾主运化，将全部精华转为气血上输给心肺等脏器。脾胃是气血的源头，那就表明食物是补益气血的主要原料。

向脾胃要健康

64

什么样的食物才能补气血呢？《素问·平人气象论》中指出："人以水谷为本，故人绝水谷则死，脉无胃气亦死。"就是说，人的生命以饮食水谷为根本，所以当断绝饮食水谷时，人就要死亡。这里的"水谷"，就是我们平时吃的主食，吃的五谷杂粮！粮食是植物的种子，可以说是最精华的、最有朝气的部分，吃下就会生成气血。

历代养生家一直提倡健康的饮食需要"五谷为充"，也就是说人体每天必须摄入一定量的主食。主食摄入不足，很容易导致气血亏虚、肾气不足。中医认为，发为血之余，就是说，头发的生长与脱落，润泽与枯槁，主要有赖于肾脏精气的盛衰以及肝脏血液的滋养。现在很多青少年未老先衰，头发早脱或变白，这主要是肝肾中精血不足所致。这直接的原因是脾胃提供的主食营养不足。

美国营养学家的最新研究显示，主食吃得少的人，坏胆固醇会增高，患心脏病的风险更大。另一项美国研究也显示，如果1周不进食面包、面条、土豆等主食，大脑的记忆与认知能力就会受到损害。

显然，我们体内的气血就好像是汽车的汽油，而主食则是气血的主要材料。

生活中，还有一些女孩子平时为了减肥，不吃东西，尤其控制主食的量，这样的做法其实都是有失偏颇的。有这样一位女孩子，平时为了减肥就不吃主食，饿了就吃点水果。前一年，这个女孩子每天早晚都坚持跑步，但饮食上绝不碰米饭、白面等食物，就吃点蔬菜和水果，有时再喝点牛奶。的确，这一年下来，她的身体保持得很好。可是另外的事却来了。她经常感觉头晕恶心，每天工作时也提不起精神来，还经常感冒。后来到医院做检查，发现她患有缺铁性贫血。这其实主要是主食吃得太少惹的祸。

大米、白面里面含有较多的淀粉，属于多糖，属于能量密集型的食物，这些能量被摄取后，只能以脂肪的形式储存在体内，从而

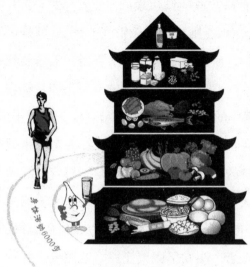

油 25~30克
盐 6克

奶类及奶制品 300克
大豆类及坚果 30~50克

畜禽肉类 50~75克
鱼虾类 50~100克
蛋类 25~50克

蔬菜类 300~500克
水果类 200~400克

谷类薯类及杂豆
250~400克
水 1200毫升

中国营养学会编制的"中国居民膳食指南及平衡膳食宝塔（2007）"。

引发肥胖，进而有可能会引发各种慢性疾病。事实上并不是这样，现代医学的解释是：肥胖、糖尿病等都被称为代谢病，吃的比消耗的多就是代谢病的根源。这归根结底还是一个能量平衡的问题，往往多吃多动的人，比少吃少动和不吃不动的人更健康。从中医角度来看，肥胖的原因并不是吃得多，而是因为脾胃运化失调所致。

我们再来看一看中国居民平衡膳食宝塔，这个膳食宝塔共分5层，它的各层位置和面积的不同在一定程度上反映出各类食物在膳食中的地位和应占的比重。我们看，最底层、面积最大的是什么？是谷类、薯类及杂豆食物。底层是根基啊，根基若是过于单薄，整个宝塔还怎样屹立不倒呢？

这其中，谷类包括米、面、杂粮，薯类包括马铃薯、甘薯、木薯等。按要求，每人每天应该吃250~400克。平时我们除了多吃一些五谷杂粮、豆类等主食外，还要少吃那些精加工的食物。

很多时候，养生就是从身边的事做起，就是从身边最常见的事物中发现真理，而现代人往往忽视了这一点，这不能不说是一种遗憾！

几乎所有的豆类食物都可补益脾胃

一般来说，长夏天气比较潮湿，容易引发脾胃病，这时可多吃一些豆类食物，有健脾利湿的作用。

每年长夏到来，很多人就问我，这么热的天吃点什么好呢？一般来说，长夏气候比较潮湿，容易引发脾胃病，这时可多吃一些豆类食物，有健脾利湿的作用。这些豆类食物包括黄豆、绿豆、白扁豆、四季豆、红小豆、蚕豆、荷兰豆、豌豆、绿豆、黑豆等，这些

从中医角度来看，豆类食物有化湿补脾的共性，尤其适合那些脾胃虚弱的人食用。

豆与粳米一起熬粥具有很好的健脾作用。

从中医角度来看，豆类食物有化湿补脾的共性，尤其适合那些脾胃虚弱的人食用。但是，根据种类的不同，它们的食疗作用也有所区别。

◇ 黄豆 ◇

在豆类食物中，黄豆可谓是一个主角。中医认为，黄豆性味甘平，归脾经和胃经，有清热利尿和解毒的功效，它对于胃中积热、厌恶油腻有很好的疗效。同时，黄豆是素食主义者的蛋白质主要来源。

1 平时多喝点豆浆、吃点豆类食物不但可滋养脾胃，而且对于女性朋友来说有美容养颜的作用。黄豆制成豆浆后，更有利于脾胃的消化和运输，能排解脾胃中的胀气、解热润肺。

2 用适量的黄豆与牛肉一起炖煮至熟烂后食用，可以补脾壮骨，是儿童"转骨"的好食物，也是全家日常保健的优质菜肴。

◇ 扁豆 ◇

扁豆性味甘平，归脾经和胃经，有健脾、和中、益气、化湿、消暑的功效。对由脾胃虚弱导致的食欲不振、腹泻、呕吐、女性白带多等症状，可以起到一定的辅助治疗作用。糖尿病患者由于脾胃虚弱，经常感到口干舌燥，平时最好多吃一些扁豆。

1 将白扁豆 15 克，粳米 30 克，山药 30 克一同煮粥，等粥快熟时加入适量的红糖搅匀即可食用。有补益脾胃、调中固肠的功效，适于脾胃气虚引起的便溏、消瘦的人食用。

2 女性可以将扁豆炒熟研成末，每次 6~12 克，用糯米酒或温水送服，能够缓解白带多的症状。

向脾胃要健康

需要注意的是，扁豆一定要烧熟煮透，否则会食物中毒，平时最好多吃焖、炖扁豆。

◇ 豇豆 ◇

豇豆也就是我们常说的长豆角。中医认为，豇豆性平，味甘、咸，归脾经和胃经，具有理中益气、补肾健胃、养颜调身的功效，可治呕吐、痢疾、尿频等症。《滇南本草》中载：豇豆"治脾土虚弱，开胃健脾"。李时珍也曾称赞它有"理中益气，补肾健胃，和五脏，调营卫，生精髓"之功。大便干结的人应慎食豇豆。

◇ 绿豆 ◇

绿豆性味甘寒，归心经和胃经，具有清热解毒、消暑利尿、止渴解烦、明目降压、利咽润肤、消脂保肝的功效。可用于暑热烦渴、疮疡肿毒、肠胃炎、咽喉炎、肾炎水肿等病的防治。当然，不是什么体质的人都可以吃绿豆的，绿豆吃多了，反而会损伤脾胃。因此一定适可而止。

天气太热的时候，很多人可能会没胃口、恶心欲呕，这时喝一些绿豆汤会有所改善。需要注意的是，绿豆汤不宜喝太凉的，因为绿豆本身性寒凉，若再饮冰的绿豆汤，会更加影响脾胃功能，易造成脾胃失衡、腹泻。脾胃虚寒者更不宜多吃。

◇ 豌豆 ◇

豌豆性味甘平，归脾胃二经，常吃能够补中益气、健脾和胃、利小便，适用于气滞、打嗝、胸闷不适、腰痛等症状。用豌豆熬成粥，适于脾胃虚弱所导致的食少、腹胀等症状。

养胃有良方，饭前喝口汤

从口腔、咽喉、食道到胃，就好像一条通道，是食物必经之路。这时若在饭前，先喝几口汤（或进一点水），等于给这段消化道增加了润滑剂，使食物能顺利下咽，防止干硬的食物刺激消化道黏膜。

有人问我，饭前喝汤好，还是饭后喝汤好，这其实是老生常谈的问题了。

俗话说得好："饭前喝汤，胜过良方。"这是因为，从口腔、咽喉、食道到胃，就好像一条通道，是食物必经之路。这时若在饭前，先喝几口汤（或进一点水），等于给这段消化道增加了润滑剂，使食物能顺利下咽，防止干硬的食物刺激消化道黏膜。

打个比方说，饭前先喝几口汤，就好像是运动员参加比赛前做热身运动一样，可以充分调动脾胃的功能，使整个消化系统活跃起来，消化腺开始分泌消化液，消化器官开始蠕动，为进食做好准备。这样，就能充分发挥各消化器官的功能，使之协调而自然地进入工作状态，吃完食物后也会感觉特别的舒服。养成饭前喝汤的习惯可以减少食道炎、胃炎等疾病的发生。

中国从古至今都有很多名人是偏爱喝汤的。比如，慈禧可以说是中国历代皇族中最有名的一位美食家了。相传，慈禧对汤的喜爱简直到了痴迷的地步。她手下有 8 名御厨专门是为她做汤的。她最喜欢喝的菜汤名叫鸡浓鸭舌汤，其主料为鸡、鸭舌、火腿丝、鲍鱼以及干贝等。德龄公主在其《瀛台喋血记》一书中这样写道：老佛爷一生似乎与鸭舌汤结下了不解之缘。

饭前先喝几口汤，可以充分调动脾胃的功能，使整个消化系统活跃起来，消化腺开始分泌消化液，消化器官开始蠕动，为进食做好准备。

现代著名学者、书法家马叙伦，有一次来北京时，曾游中山公园并在一家饭店进餐，因饭店里没有什么好汤，便亲自开出若干作料，并叫厨师按他所说的方法去做，烹制出来的菜汤味道非常鲜美。店老板遂以先生之大名将其命名为"马先生汤"。后来，这种汤不仅成了该店用来撑门面的菜品，而且还在民间广为流传开来。

饭前喝汤是有讲究的，并不是说想喝多少就喝多少，也要因人而异，要掌握进汤时间。一般来说，中晚餐前以半碗汤为宜，而早餐前可适当多饮一些，因为我们的身体经过一晚上的睡眠后，水分损失比较多。喝汤时间以饭前 20 分钟左右为好，吃饭时也可缓慢少量喝汤。总的原则是，喝汤以你的胃肠舒适为宜。

9

甘入脾
——甘甜的食物适宜补脾胃

脾主甘味，脾气虚、脾经弱时，适当多吃点甘味食物，可补益脾胃。

甘入脾，也就是说脾主甘味，因此脾气虚、脾经弱时，适当多吃点甘味食物，可补益脾胃。

中医所说的甘味食物，不仅指食物的口感有点甜，更主要的是它具有补益脾胃的作用。《黄帝内经》中反复强调"甘入脾"，也就是说脾主甘味，因此脾气虚、脾经弱时，适当多吃点甘味食物，可补益脾胃。

在这里，向大家推荐几种具有代表性的甘味食物：

◇ 山药 ◇

山药味甘，性平，归脾经、肺经、肾经。生山药有补脾养胃、生津益肺、补肾涩精的功效，常用于脾虚食少、久泻不止、肺虚咳喘、肾虚遗精、带下、尿频等症；熟山药能补脾健胃，常用于脾虚食少、泄泻便溏等症。总的来说，补阴宜用生山药，健脾止泻宜用熟山药。

1 生山药以汤匙刮成泥，配热饭吃，或煮熟经常食用，在养胃补虚上最佳。

2 山药藤上所结的小山药煮熟后去皮，加少量的糖，在睡前食用，可以止梦遗，兼补肾健胃。

3 将山药洗净切块，加排骨、蔬菜煮成汤，可健胃补脾，促进身体长高，小孩子适宜常吃，女性朋友常吃还能养颜美容，帮助美白又补钙。

◇ 大枣 ◇

中医认为，大枣性味甘平，可补中益气、安中养脾、养血安神。《本草备要》记载大枣可"补中益气，滋脾土，润心肺，调营卫，缓阴血，生津液，悦颜色，通九窍，助十二经，和百药"。《食物本草会纂》记载大枣"久服轻身延年，补中益气坚志、强力，除烦闷，润心肺，补五脏治虚损"。民间也有"一日仨枣，长生不老"之说。

大枣不仅对脾有益处，还能补气养血，尤其适合女性朋友，可以煮粥食用或者切碎晾干泡水、代茶饮。大枣还可以在铁锅里炒黑后泡水饮用，对缓解胃寒、胃痛等症有很好的疗效。

◇ 葡萄 ◇

葡萄性平，味甘酸，具有补气血、强筋骨、益肝阴、利尿、舒筋活血、暖胃健脾、除烦解渴等作用。现代医学则认为，其主要成分是葡萄糖，容易被人体直接吸收，所以非常适合于脾胃虚弱、咳喘、胃痛、贫血、肝炎病人和孕妇食用。据说，每天饮用红葡萄酒15毫升，2~3次，可暖胃解痉，祛寒止痛，促进消化，有益心脏。注意，容易腹泻的人要少吃葡萄，否则容易拉肚子。

◇ 甘蔗 ◇

甘蔗性味甘平，有止渴生津、消痰止咳、解酒除烦、清虚热、止呕吐之功，适于病后体虚、胃肠虚弱者。用新鲜的甘蔗汁1杯，生姜汁少许，和匀后一次性喝下，可改善胃病所致的呕吐或脾胃虚弱。尤其是神经性胃炎或慢性胃病所致的反胃，效果突出。

◇ 香蕉 ◇

香蕉性味甘寒，有清热、生津止渴、润肺滑肠的功效，可以润便、润肠、降血压。中医认为，"甘易肉肿"，因此像香蕉等太过甜的食物，对正有扭伤的人不适合，应等痊愈后再吃，否则会更严重。当然，香蕉也要少吃，吃多了容易胀气，尤其是糖尿病人、肥胖的人更要少吃。

在现实生活中，甘味食物有很多，像蜂蜜、糯米等，都有很好的养脾胃作用。

当然，不论是甘味食物，还是甘味药物，也需辨证对待，体质不同选择不同。中医认为，"甘味"还可分为"甘温"和"甘凉"。对于阳气不足的人来说，最好选择"甘温"的药物或食物（如面粉、糯米、南瓜、莲子、芋头等）；对阴气不足的人来说，最好选择"甘凉"的药物或食物（如绿豆、丝瓜、冬瓜、茄子、白菜、黄瓜等）。就脾胃来说，"脾为阴土"，"喜燥而恶润"，因此要治脾病，可多选择"甘温"以助其升；而"胃为阳土"，"喜润而恶燥"，因此在治胃病时，最好多选择"甘凉"以助其降。

另外，从养生角度来看，春天最好适当多吃一些甘味食物。为

什么这样说呢？因为《素问·六节藏象论》中指出："肝者，通于春气。"就是说，肝的生理活动与春季的阴阳变化是相互通应的。春为肝气当令，肝气易于偏亢。根据中医五行理论，肝属木，脾属土，肝木太旺容易克制脾土，影响脾胃的消化吸收功能，导致食滞，或者不爱吃东西。而甘入脾，所以春天适当多吃一些甘味食品，可补益人体的脾胃之气。

适当吃甘味食物可养脾，但是过食则会伤脾。甘味食物吃得太多，最容易出现的问题就是"脾瘅"。什么是"脾瘅"？"瘅"在这里有"热"之意，脾瘅即脾热，也就是说吃多了甘美的食物，容易壅滞脾气，使脾气日久郁而化热。这种脾热，最早是灼伤胃阴出现"三多一少（多食、多饮、多尿、体重减轻）"的症状，再往前发展就是糖尿病了。

任何事物都有两面性，凡事物极必反，真可谓成也萧何，败也萧何！

第3章

打通胃经，
一生皆有福报

生病了，要"三分治，七分养"，这里养的是胃气，有胃气则生，无胃气则死。中医养脾胃讲究慢慢调理，而在各种调理脾胃的方法中，以打通胃经最为简单易行且效果卓著。胃经是十二经脉中的一条，全称为足阳明胃经。胃经是人体经络中分支最多的一条经络，从头到脚，在我们身体的正面，它的运行路线也比较复杂。为什么我们管它叫胃经呢？因为它内属于胃腑，能够调动胃腑功能。因此，谈及保养脾胃，必谈胃经。

养好胃经，无病身轻

经常按摩胃经对疏通胃经有很好的效果。应对照胃经的经络图，从锁骨下，顺着两乳，过腹部，到两腿的正面，一直敲打到脚踝处。按摩胃经时可稍稍用力，这样效果更好。

胃经全称为足阳明胃经。中医认为，胃经主管脾胃的功能，主管人体气血的生化，因此要保养好脾胃，应多利用胃经。

足阳明胃经是一条多气多血的经脉，脉络人体的五脏六腑，供输全身营养。一旦气血不足，胃经不畅，最明显的表现是面色发黄，口唇苍白，而且精力不足，甚至头发干枯、容易脱落。《素问·上古天

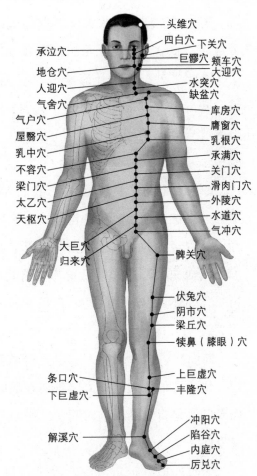

胃经影响着自己循行的人体部位，如胸部、腹部、腿部以及脚部。如果一个人胃疼，这很可能是胃经出问题了，但是膝盖疼也有可能是胃经的问题，甚至脚疼也可能是胃经的问题……

真论》中指出，女子"五七，阳明脉衰，面始焦，发始堕"。也就是说，女人一旦过了35岁后，胃经开始衰败。其中，胃经有一部分经过脸部，因此脸上的皮肤就不再光滑，而且经络所过的地方会出现色斑、青春痘；乳房也会变小萎缩，腰腹部的脂肪囤积，卵巢和子宫功能下降，稍微干点活就感觉腰酸背痛。

其他的表现有胃火大、多食易饥，或晨起前额头疼痛，早上不爱起床，食欲不佳，甚至出现胃及十二指肠溃疡。

除此之外，胃经还影响着自己循行的其他部位，如胸部、腹部、腿部以及脚部。如果一个人胃疼，这很可能是胃经出问题了，但是膝盖疼也有可能是胃经的问题，甚至脚疼也可能是胃经的问题……

如果有上面这些情况发生，我们判断可能是胃经出问题了。这时最好的办法就是及时按摩胃经或者按揉胃经上的重要穴位。按摩胃经以及胃经上的要穴，一方面可以充实胃经的经气，使它和相关脏腑的气血充盛，这样可以发挥脏腑的功能，就不容易被疾病侵犯；另一方面还可以从中间切断胃病发展的通路，在胃病萌芽阶段将其消灭。

前面我讲过，现代人一定要吃早餐，而且最好在辰时(7~9点)吃。最主要的原因就是人体气血在辰时流注到胃经里，此时胃经气血最旺，是胃最活跃的时间，这时吃早餐最容易消化，而且还不容易发胖。

平时如何养护胃经呢？经常按摩胃经对疏通胃经有很好的效果。应对照胃经的经络图，从锁骨下，顺着两乳，过腹部，到两腿的正面，一直敲打到脚踝处。按摩胃经时可稍稍用力，这样效果更好。

②

助人为乐的足三里穴是你身体的"恩人"

足三里穴可谓是一个多面手，有通调百病的效果，尤其是治脾胃方面的问题。《四总穴歌》中有这样一句口诀说得好："肚腹三里留。"也就是说，凡是肚腹脾胃方面的问题都可取它来治。

我们知道，脾胃是气血生化之源，而胃经又是一条多气多血之经。因此，关爱胃经上的穴位就是调节脾胃功能、巩固全身气血的一个有效手段。

胃经上有一个很著名的穴位，那就是足三里穴，我们在书中已经多次提到。足三里穴总是在最关键的时候帮助你度过健康上的难关，所以我们说它是一个助人为乐的大穴。那么，它能帮助我们的身体度过哪些难关呢？

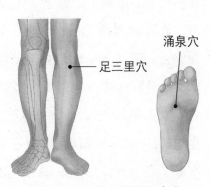

足三里穴可谓是一个多面手，有通调百病的效果，尤其是治脾胃方面的问题。

从经络学来看，足三里穴是胃经的合穴，所谓"合穴"就是全身经脉流注会合的穴位，而合穴治脏腑疾患，最善于治疗腹部疾患。足三里穴可谓是一个多面手，有通调百病的效果，尤其是治脾胃方面的问题。《四总穴歌》中有这样一句口诀说得好："肚腹三里留。"也就是说，凡是肚腹脾胃方面的问题都可取它来治。

不仅如此，足三里穴还是一个长寿大穴。若我们经常刺激足三里穴，还有防病健身、抗衰延年的功效，对于延年益寿大有裨益。

现代人平时的应酬特别多，饮食无规律，夜生活过于丰富，再加上平时工作压力大，因此胃肠方面最容易出问题。什么胃痛啊、胃胀啊，这些问题总会不期而遇，而解决这些问题的最好办法就是多刺激足三里穴。

我们如何取穴呢？站立，把同侧的手掌张开，虎口围住髌骨上外缘，四指直指身下，食指按在胫骨上，中指尖所指的地方即是此穴。按摩时，用大拇指或中指在足三里穴处按压，每次5~10分钟。按压力度以有针刺样的酸胀、发热感为宜。

很多上班族长时间坐在办公室内，难免感觉体乏肢酸，这时可在休息时间敲打足三里穴，再辅以按摩涌泉穴（此穴在脚底部，不算脚趾头，把剩下的脚掌3等分，在上1/3的凹陷处即是此穴）。敲打、按摩时以感觉酸痛为度，每次5~10分钟，即感疲劳顿消，步履轻盈，其功效可谓是立竿见影。

民间有这样一句俗语："常拍足三里，胜吃老母鸡。"在我国古代，女人坐月子时，若每天吃上一只老母鸡，对身体是有很大滋补作用的。当然，现代女性坐月子想吃什么有什么，但这些大鱼大肉吃多了会上火。后来很多老中医发现，按揉足三里穴与吃老母鸡有相同的功效，而且还不会上火，特别适合那些剖腹产的女性朋友。这就是足三里穴的神奇之处，它具有双向调节的功能。你如果气血都虚，足三里穴可以补；反过来说，如果你总是上火，足三里穴又可以把火降下来。因此，产妇可在产后多按一按足三里穴，这样可以有效促进自己胃肠功能的恢复。

总的来说，一般的消化系统疾病都可以从足三里穴调治。此外，一般的高血压、糖尿病、头痛、头晕、产后乳汁不足等，也可以通过每天多按揉此穴来缓解。

民间还有言："若要身体安，三里常不干。"想要足三里穴不干的最好办法就是用艾条艾灸。可每周艾灸足三里穴 1~2 次，每次灸 20 分钟左右。艾灸时应让艾条的温度稍高一点，使局部皮肤发红。艾条缓慢沿足三里穴上下移动，以不烧伤局部皮肤为度。坚持两个月左右，就会使胃肠功能得到改善，使人精神焕发，精力充沛。

从以上来看，足三里穴不愧是一个助人为乐的养生大穴，它也的确是我们身体的大恩人——不图回报，却仍无怨无悔！

内庭穴擅长泻胃火

内庭穴最显著的一个特点就是可以泻胃火。凡是胃火引起的牙痛、咽喉痛、鼻出血、口臭、胃酸、便秘都可以揉内庭穴，它的祛热、祛胃火效果非常好。

内庭穴是足阳明胃经的荥穴。"荥"有泉水已成小流的意思。《灵枢·本输》中说："内庭，次趾外间也，为荥。"荥穴有清胃泻火、理气止痛的功效，可以说是热证、上火的克星。《难经·六十八难》中指出："荥主身热。"说明荥穴主要应用于发热病症。

内庭穴最显著的一个特点就是可以泻胃火。凡是胃火引起的牙痛、咽喉痛、鼻出血、口臭、胃酸、便秘都可以揉内庭穴，它的祛热、祛胃火效果非常好。

我们怎样判断自己胃火的大小呢？一般来说，口臭、胃酸、便秘内庭穴最显著的一个特点就是可以泻胃火。凡是胃火引起的牙痛、咽喉痛、鼻出血、口臭、胃酸、便秘都可以揉内庭穴，它的祛热、祛胃火效果非常好。

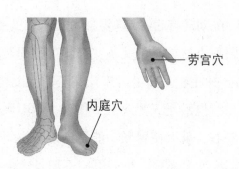

劳宫穴

内庭穴

多是胃火惹的祸。朱丹溪在《局方发挥》中指出："平时津液随上升之气郁积而成，郁积之久，湿中生热，故从火化，遂作酸味，非热而何？"意思是说，津液随气上升而郁积生热，时间长了就要化生为火，口中酸味便是由这热引起的。口臭和便秘也表明体内有胃火。

如果你同时存在口臭、胃酸、便秘这3个问题，就可以确定是有胃火了。这时若能针刺内庭穴，则有很好的泻火功效。

内庭穴位于足背，当第2、第3趾间，趾蹼缘后方赤白肉际处。取穴时，正坐垂足或仰卧位，在第2跖趾关节前方，第2、第3趾缝间的纹头处。平时也可多用指端按压此穴，按压时，以一侧拇指的指端按住此穴，稍用力按压，以酸胀感为宜，每侧1分钟，共2分钟，每天坚持按摩。

此外，若能同劳宫穴一起按摩，效果则更佳。劳宫穴为手厥阴心包经上的要穴，它在手掌心第2、第3掌骨之间，握拳屈指时中指尖指向的地方即是。之所以它能去热除口臭，是因为它是心包经上的荥穴，所以清热泻火也是它的一大功能。我在临床上也常用它来治疗由于身热或者内热引起的口疮、口臭，效果突出。

很多人一上了年纪，消化功能就会大大减退，出现消化不良、不爱吃东西、腹胀、排便困难等症状。这时若能通过刺激内庭穴来改善，也是一个不错的办法。

经常刺激内庭穴还可以改善因胃火大引起的痘痘问题。

想让痘痘快点儿消失，除了不要吃过于油腻的食物外，可每天用手指指端按压内庭穴，力量要大，依据个人的承受能力，以能接受为度，最好在每天早上 7~9 点的辰时（胃经当令）按摩效果最佳。

一般来说，胃火大的人比较能吃，消谷善饥，这样也容易引起肥胖。你若想通过抑制食欲来控制体重，仍旧可以找内庭穴来帮忙。内庭穴能抑制食欲的主要原因，还是在于它能够泻胃火。刺激内庭穴可以将胃里面过盛的火气降下来，从而降低食欲。你可以在每天早晚坚持用大拇指轻轻揉动此穴 100 次，以有酸胀感为宜。

正确使用梁丘穴可缓解胃酸和腹泻

如果正在上班时胃突然犯酸了，这时可以赶紧揉一揉梁丘穴，按压时，可用大拇指用力按压此穴，每次压 20 秒，休息 5 秒再继续。如此重复多次，就会有所缓解。

梁丘穴是胃经的郄穴，有理气和胃、通经活络的功效。"郄"有空隙的意思，郄穴是各经经气深聚的部位，经常用来治疗急性病。

梁丘穴位于膝盖骨附近，取穴时，脚用力伸直，膝盖骨的外侧会出现细长肌肉的凹陷，朝着大腿用力压这个凹陷的上方看看，会有震动感，这就是梁丘穴。

作为胃经的郄穴，梁丘穴可以治疗很多急性病。比如急性肠胃炎、胃痉挛、腹泻，或者膝盖痛（比如平时扭了一下，或者长时间

久坐劳累所致的膝盖痛），这时可通过按揉
梁丘穴来缓解。

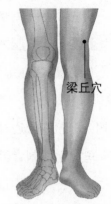

梁丘穴

梁丘穴的功效卓著，除了上面说的那些
病症以外，它还能够止胃酸。

由于现代生活节奏的加快，人们的饮食
越来越不规律，特别是对于压力较大的上
班族来说，越来越多的人患有胃部不适的
症状。其中，胃酸就是一个常发生的问题。
胃酸过多会损伤胃黏膜，加快蠕动会造成频
频腹泻，减缓蠕动会造成腹胀。

梁丘穴是胃经的
郄穴，有理气和胃、通
经活络的功效。

我有很多上班族朋友有胃酸过多的问
题，后求助于我。我直言相告，如果不改掉不良的饮食习惯，恐怕
是再好的药也难以解决。如果正在上班时胃突然犯酸了，这时可以
赶紧揉一揉梁丘穴，按压时，可用大拇指用力按压此穴，每次压20
秒，休息5秒再继续。如此重复多次，就会有所缓解。当然，最好
的办法就是规律进食，合理休息，少给自己找不快。

梁丘穴还可治疗腹泻。如果腹泻发生在家里倒还好办，可找一
些消炎药对付一下，但你若正在开会，或正在坐车，发生腹泻可是
一件非常尴尬的事。这时最好的办法是按揉梁丘穴。把双手拇指放
在梁丘穴上，重力按揉几分钟，腹泻症状就会有所缓解。

艾灸梁丘穴也是治急性腹泻的一个好办法。

我遇到过这样一位患者，他刚刚25岁，因为有一天生吃黄瓜加
喝茶水后当夜就发生了急性腹泻，一天去卫生间达十余次。后来检
查发现他并无脓血便，大便如水样，身体感觉无力，舌淡苔白。

我采用艾灸梁丘穴的方法对他进行治疗。我先将艾绒直接放在
左侧的梁丘穴施灸，将艾绒做成麦粒大小的艾炷，每壮灸于他感觉

发热时就拿掉，每次灸 7~9 壮，梁丘穴局部泛有红晕，灸治 1 次。灸了几次后，他的腹泻止住了，大便也成形了，体力也有所恢复。

虽然胃酸、腹泻等问题都属于脾胃出现的小故障，但是小故障也会产生大问题。对待疾病的态度，我们应该是谨慎而不是紧张，放松而不是放纵。而梁丘穴恰似一个松严有度的医者，总能在最关键的时刻让人的身心获得一种平衡。

按压气舍穴可缓解恶心和打嗝的问题

气舍穴有清咽利肺、理气散结的功效，对于胃痛或是恶心想吐的感觉有很好的抑制效果。

我有一位朋友，特别爱干净，吃东西也是非常讲究，很少在外面就餐，哪怕是上班时也经常从家里带饭。有一次，我们几个朋友在一起聚会，这位爱干净的朋友难以推脱朋友们的盛情邀请，也来了。

正当大家兴高采烈地推杯换盏的时候，这位爱干净的朋友转身就往外跑，其他的朋友不知所措。一位朋友还开玩笑着喊："这么快就喝多了？"等他回来的时候，看他面色十分难看。"吐了？咱们才刚喝啊！""不是，我感觉吃到了不干净的东西，可是又吐不出来。"这位朋友面露痛苦之色。

的确，生活中像我朋友这样的人有很多，当他们吃到了不干净或自认为不干净的东西时，总想吐，这种感觉十分的难受。其实，有时候吃到不好的东西就想吐是肠胃的一种保护性反应，遇到这种情况，不要害怕呕吐，吐出来才会舒服些。像我这位朋友这种情况，想吐又吐不出来，非常难受，这时可以借助气舍穴来帮忙。

气舍穴在颈部，当锁骨内侧端的上缘，胸锁乳突肌的胸骨头与锁骨头之间。取穴时，正坐或仰卧，于上胸部，锁骨根部稍中之处。此穴有清咽利肺、理气散结的功效，对于胃痛或是恶心想吐的感觉有很好的抑制效果。这时可用食指和中指朝向锁骨内端指压，每次按压3~5秒，就可以缓解恶心呕吐的问题。

此穴还可以抑制打嗝。打嗝的原因有很多，一般多是由于暴饮暴食之后突

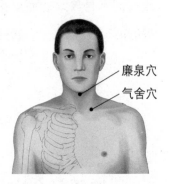

廉泉穴
气舍穴

想吐又吐不出来，非常难受，这时可以借助气舍穴来帮忙。

然喝冷饮、热饮或食物，或吃刺激性食物也会引起打嗝。而经常性打嗝也是脾胃出现毛病的信号灯。胃气是以降为顺的，若胃气不降反升，会导致胃气上逆出现打嗝问题。下文我们将会有详细的介绍。

打嗝时，我们可一边吐气，一边在气舍穴处强压6秒钟。在按压时，边张嘴说"啊——"边进行效果更好。若将肌肉放松，仰卧进行，也很有效。这样不仅可以止嗝，还可以调理脾胃。

我还告诉大家一个穴位也可治打嗝，那就是按压任脉上的廉泉穴。廉泉穴在颈部喉结上方的凹陷处。打嗝时，把头向上仰起，用自己的拇指或者食指按压廉泉穴，由上方向下方用力，力度由轻到重，以有轻微的窒息感为宜，持续按压10秒钟左右，同时做吞咽动作一两次。如果症状没有明显的缓解，间歇10分钟再做第2次，一般1~2次就能见效。

6

穴位所在，主治所及
——天枢穴是腹泻的克星

天枢穴属于胃经要穴，同时也是大肠经的募穴，是阳明脉气所发之处，具有健脾和胃、通调肠腑的功效。

面对夏季的高温酷暑，很多人便把自己关在空调房里，或贪食冷饮，或暴饮暴食。殊不知，这便引来了腹泻，嘴上的"舒服"让我们的肚子受罪了。

有些人患了腹泻后，就不管三七二十一，先翻箱倒柜找一些止泻药来吃，单纯地认为止住了"泻"就治好了病。其实这样的做法并不是明智的。很多肠道传染病发病初期多有不同程度的腹泻，排泄物能将体内的致病菌与它们所产生的毒素和进入胃肠道的有害物质排出体外，减少对人体的毒害作用。此时若使用止泻剂，无疑是闭门留寇，并且还会使真正的病因隐藏起来，耽误了治疗。这时穴位疗法便体现了它的优势。

中医认为，腹泻病位虽在肠，但五脏六腑是相互联系的，一旦其中一个出现问题，都会牵连肠腑，导致大肠的传导功能和小肠的泌别清浊的功能失常而发生腹泻。

怎么办呢？其实，若是因不洁饮食或感受寒冷发生腹泻，我们完全可以通过简单的穴位疗法来缓解。其中，天枢穴就是一个代表。

何为天枢？"枢"有"枢纽"之意。《素问·六微旨大论》载："天枢之上，天气主之；天枢之下，地气主之。"言下之意，说这个

第3章　打通胃经，一生皆有福报

87

穴位是一个升清降浊的地方。也就是说，你吸收到肠胃里面的营养物质，就在这里开始分清与泌浊，营养的精微物质在这里变成血液被吸收了，糟粕的东西则从此处向大肠排去，可以说它是一个中转站。

天枢穴就在肚脐旁2寸处，离肚脐眼两个大拇指的距离。天枢穴属于胃经要穴，同时也

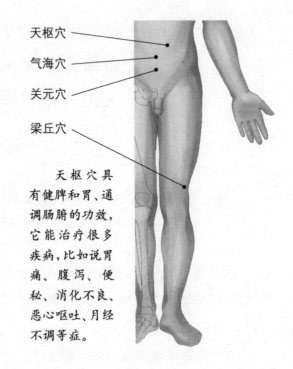

天枢穴具有健脾和胃、通调肠腑的功效，它能治疗很多疾病，比如说胃痛、腹泻、便秘、消化不良、恶心呕吐、月经不调等症。

是大肠经的募穴，是阳明脉气所发之处，具有健脾和胃、通调肠腑的功效。它能治疗很多疾病，比如说胃痛、腹泻、便秘、消化不良、恶心呕吐、月经不调等症。

一般来说，如果您是便秘就用摩法，可以用整个手掌摩此穴周围，顺时针揉肚子，可以帮助肠子蠕动；还可以用两个拇指点按天枢穴，尤其是左边的天枢穴，因为左边可以促进排便。如果您是腹泻就用灸法，因为腹泻属于寒性，所以我们要用灸法。《胜玉歌》中明确地说："肠鸣时大便腹泻，脐旁两寸灸天枢。"

我们前面说，艾灸梁丘穴可治疗腹泻，同样艾灸天枢穴也可以治腹泻。灸的时候，躺在床上，然后找到天枢穴开始灸，两个穴位各灸20分钟左右。你可以顺便再灸一下神阙穴（也就是肚脐眼）几分钟，这样腹泻的问题就解决得差不多了。

除了天枢穴外，我们还可以灸关元穴和气海穴，这两个穴位都

有培本固元的功效，对缓解腹泻也很有功效。腹泻时，我们还可以用生姜切成薄片敷在穴位上，再在上面进行艾灸，可以治疗过敏性结肠炎。

此外，天枢穴还有减肥瘦身的作用。在针灸减肥瘦身的领域，此穴是必不可少的。当然你若自己针灸自然是不现实的，但你可在每天的早上7点到9点胃经当令这段时间坚持按摩此穴200下，两边穴位都要按摩。效果虽不及针灸，但也会有很好的疗效。

丰隆穴不丰隆，实为减肥大穴

丰隆穴属于胃经，是胃经的络穴，又联络脾经。丰隆穴能调治脾和胃两大脏腑，有很好的除湿祛痰的效果。

丰隆，丰者大也，隆即盛意。从字面上看，丰隆应该是使人丰满隆盛的，其实恰恰相反，此穴是减肥消脂的大穴。

丰隆穴也称化痰穴，是专门化痰的。中医这个"痰"有很多的说道，它有广义和狭义之分。狭义的痰，一般是指呼吸系统的分泌物，

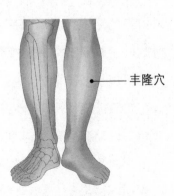

丰隆穴也称化痰穴，是专门化痰的。

我们平时吐的痰就是这个,故狭义的痰又称外痰。广义的痰指内痰,内痰的形成主要是我们体内的体液在致病因素的影响下,失去了正常的运行功能,逐步停蓄凝结成为一种黏稠状的、有害的液体。这种液体是不咯出来的,而留伏在体内产生病变。"痰随气行,无处不到",因而会使人体生病。

举个例子来说,我们常说的高脂血症在中医里就属于"痰浊"、"痰痹"的范畴。中医认为,脾虚则生痰。高脂血症以脾为重,脾虚水湿内停生痰浊,痰浊阻滞,气血运行不畅或气虚不能推动血行则致血淤。因此,从脾辨证治疗高脂血症是有效果的。

我们还说过肥人多痰,这个痰就是赘肉,就是多余的、没有用的脂肪。它是肥胖者的随身负担,它会消耗肥胖者的气血。因此,我们说肥胖的主要原因是脾胃功能失调所致。因此,想要减肥的朋友,先要养好自己的脾胃。

体内这些垃圾的堆积与经络不通也有一定的关系。因此,我们可以找善于化痰的丰隆穴来调养。丰隆穴在小腿的外侧,外踝尖上8寸。丰隆穴是反映肥胖的穴位,刺激丰隆穴可调节全身的脂肪代谢,去除多余脂肪,起到减肥的效果。

可以说,丰隆穴是个祛痰止咳的名穴。因为丰隆穴属于胃经,是胃经的络穴,又联络脾经。丰隆穴能调治脾和胃两大脏腑,有很好的除湿祛痰的效果。平时爱吸烟的人痰很多,自己也很烦恼,这时也可多按按丰隆穴。

如何正确使用丰隆穴来减肥呢?平时可用大拇指略微用力按压穴位,以略感疼痛为基准,按住 5 秒后松开,双手交替互按 3~5 分钟。平时也可用拳头轻轻敲打此穴,以皮肤会自然变红为标准,每次 5~10 分钟。

有人可能会问什么是络穴?络穴就是联通表里两经的穴位,是表里两经经气相通的部位。打个比方说，如果把黄河和淮河比作是两条经络的话，那么它们之间的京杭大运河就可理解为络穴。一般的慢性胃病也可以通过络穴来调治，中医讲"久病入络，郄治急，络治慢"就是这个道理。

如果你有慢性胃痛，发作时可先点揉此穴。点揉时，拇指指尖立起来，垂直向下点，以感觉酸痛为宜，然后再揉，每次3~5分钟。天天坚持，次数不限。

小孩爱流口水可多按地仓穴

如果您的孩子比较爱流口水，您可以多给孩子按按地仓穴。用您的双手食指按压孩子的地仓穴，进行圈状按摩。

地仓，"地"指地格（古人将面分为三庭，鼻子以上为上庭，鼻子为中庭，鼻子以下为下庭，合为天人地三格），"仓"指藏谷物的地方。又因为脾主口，脾气通于口，脾胃在五行属土，有仓廪之官的称呼，所以我们将此穴

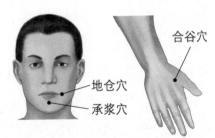

合谷穴

地仓穴

承浆穴

孩子爱流口水，可以多给他按按地仓穴。

称为地仓穴。

地仓穴在我们的面部，口角外侧，上直对瞳孔。它有散风止痛、舒筋活络的功效，善治"流涎"。

有人可能问了，什么是"涎"啊？我先不说它什么意思，我们先看"涎"这个字的结构，左为"水"，右为"延"，也就是水的延长。什么水延长了呢？嘴里的水，即口水，用老百姓的话说就是"流哈喇子"。

在这里，我还要提一下，更准确地说，"涎"是口水的一部分。中医里讲，涎与唾合称为口水。"涎"比较接近平时我们所说的"口水"，比较淡，主要有润泽口腔的作用。《素问·宣明五气篇》中指出："五脏化液……脾为涎。"也就是说，涎为脾之液。这个"涎"实际上是脾之水，也是脾之气的外在表现。它产生于舌头的两侧，如果你还不明白什么，你只要想一想"望梅止渴"这个成语就知道了。

"唾"是什么？"唾"是指唾液。《素问·宣明五气篇》："五脏化液……肾为唾。"也就是说，水液经过肾加工后变成"唾"。一般来说，"唾"比较稠黏，可帮助消化食物。就这样，涎与唾合二为一，称为"口水"。

家里有小孩子的家长，最苦恼的是自己的孩子为什么口水像瀑布似的，整天流个不停。其实小孩子流口水很正常，这多是因为孩子的后天脾胃很虚弱，而脾主肌肉，开窍于口；脾虚则肌肉弹力不足，变得松弛，因此就会爱流口水。

如果您的孩子比较爱流口水，您可以多给孩子按按地仓穴。按时，用您的双手食指按压孩子的地仓穴，进行圈状按摩。

除了地仓穴外，还可以按摩并悬灸合谷穴。大拇指和食指的虎口间，第2掌骨的中点，靠近骨头这个穴位，即是合谷穴。将小儿的双手拿起，分别同时用双手的拇指、食指按压小儿两只手上的合谷穴，力度由小到大，一按一松点压，频率为每秒钟1次，每个穴位点压5分钟。按摩后，再将艾条点燃，置于合谷穴的上方约3厘米处，将艾条靠近穴位后迅速移远，再移近，再移远，一上一下地雀啄灸约10分钟，每天1次，10天为1个疗程。一般1个疗程就会有效果。

任脉上的承浆穴也能治口水过多的问题。承浆，"承"指承接，"浆"指口中浆液、涎液。承浆穴有生津敛液、舒筋活络的功效，可治疗流涎，牙齿疼痛、牙龈红肿，消渴等症。它位于我们的面部，当颏唇沟的正中凹陷处取穴。我们在临床上常针灸此穴治口水过多的问题，平时口水多的人可以多按摩此穴。

言归正传，我们还说地仓穴。地仓穴对于面瘫、面肌痉挛、三叉神经痛也有很好的调治作用。有一次出门诊时，一位40岁左右女性患者用手捂着脸跑到我这儿来。她说自己疼得实在不行了，有时面部有种针刺的感觉，疼得眼睛都睁不开了，也不能闭了，还不停地流口水，有时又不疼了，反反复复。现在趁着不疼的工夫，抓紧找我来治。我观察片刻，对其施以针灸地仓穴进行治疗，不一会儿这位患者就感觉舒服多了。

如果你不幸患上了此病，附近又没有医院，可以采用按摩地仓穴的方法。先用左手的食指，按压在此穴上，轻揉片刻，使之有酸胀感觉为宜，每次做200下。每天坚持做3次。经过1周后，就会取得一定的效果。

小小的地仓穴可以解决很多人的痛苦，真可谓是一件功德无量的事啊！

犊鼻穴是膝关节病的克星

犊鼻穴具有通经活络、疏风散寒、理气消肿止痛的作用，中医有句话叫"关节积水犊鼻求"，这个穴最善于治疗膝盖上的病。

犊鼻穴也是我在临床上比较常用的一个穴位。

犊鼻穴在哪儿呢？我们膝盖下面内外两侧都有一个窝儿，外侧的窝儿就是犊鼻穴。"犊鼻"怎么解释呢？"犊"是指牛犊，"犊鼻"就是指小牛犊的鼻子，大家可以看看膝盖的那两个窝像不像个小牛犊的鼻子。《会元针灸经》说："犊鼻者，是两膝眼如牛犊之鼻状，故名犊鼻。"

犊鼻穴具有通经活络、疏风散寒、理气消肿止痛的作用，中医有句话叫"关节积水犊鼻求"，这个穴最善于治疗膝盖上的病。比如说，平时跑步、爬山导致膝盖受损、疼痛啊，膝关节积水啊，风湿性膝关节病啊，长时间久坐膝盖疼啊，都可以通过按揉犊鼻穴来解决。

有一次，一位中年女性

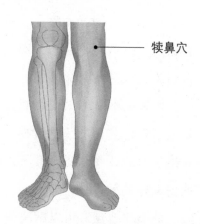

犊鼻穴

中医有句话叫"关节积水犊鼻求"，犊鼻穴最善于治疗膝盖上的病。

患者来找我治病。刚一进诊室，我就发现她走路无力。后来她自己说最近几个月感觉膝关节特别不舒服，有时候走楼梯就是感觉双脚发软。后来我为其诊断，发现她这属于膝关节积液，就是现代医学里说的滑膜炎，主要是因为膝关节囊液渗出所致。后来我用针刺犊鼻穴的方法为其治疗，像她这种很轻微的症状一次基本上就痊愈了。

现代上班族有一个非常大的弊端，那就是久坐，久坐伤肉、伤脾，但这个问题又没办法解决，在办公室里不可能都站着工作吧！既然解决不了，就学会保护自己吧！很多人在座位上坐久了就感觉两个膝盖特别难受、不舒服，站起来活动一会儿就好了。在活动时你再配合点按一下犊鼻穴。此穴因为就在膝盖外侧那个窝儿中，所以按揉起来也方便，也不用扩大范围，就在那个窝儿中按。

膝盖虽然不是身体中最常受伤的部位，但却是最薄弱的。膝盖怕冷，寒气最容易通过这个"小牛鼻子"进入体内。尤其是老年人年纪大了，本身膝盖就很脆弱了，因此遇上天寒地冷的，很容易出现老寒腿和风湿性膝关节病。对于这种情况，最好的办法就是用艾条灸犊鼻穴。当你感觉膝盖酸冷时，就用艾条灸此穴 10~20 分钟，灸到皮肤发红为止。

这里我还要多说一句：很多女性朋友在有空调的环境中工作，不知道防护自己的膝盖，有的下身就穿个小短裙、小短裤，这很容易得上风湿性膝关节病。因此我建议，在空调的环境当中最好备一个毛巾被，稍微地防护一下自己的膝盖。如果已经出现问题了，就要多按按犊鼻穴。

平时我们总说要养护好身体，养护、养护，不仅要养，还要护，要时刻保护我们的身体，这才是养生的至高境界。

10

上巨虚穴是治疗腹泻的常用穴

上巨虚穴属于胃经，同时又是大肠的下合穴，下合穴是六腑之气在人下肢上汇聚的穴位，而且只在下肢上的 3 条阳经上汇聚。这一特点也决定了上巨虚穴在治疗脾胃病方面的独特作用。

巨虚，有巨大空隙之意。因为这个穴在下巨虚的上方，胫、腓骨之间大的空隙处，所以中医管它叫上巨虚。《古法新解会元针灸学》认为："膝骭（胫骨）骨屈曲如巨，骨与筋肉之内外分间，其虚空如巨长之状，故名上巨虚。"

上巨虚穴在小腿前外侧，外膝眼下 6 寸，距胫骨前缘 1 横指（中指）。取穴时，正坐屈膝位，在犊鼻下 6 寸，当足三里穴与下巨虚穴连线的中点处取穴。

上巨虚穴属于胃经，同时又是大肠的下合穴，下合穴是六腑之气在人下肢上汇聚的穴位，而且只在下肢上的 3 条阳经上汇聚。这一特点也决定了上巨虚穴在治疗脾胃病方面的独特作用。《灵枢·邪气藏府病形》说"合治内腑"，这说明上巨虚穴可以调治一切大肠腑上的病。

《素问·灵兰秘典论》中说："大肠者，传导之官，变化出焉。"就是说大肠是主传导的。我们平时所吃的食物经过小肠的消化吸收后，部分糟粕下输于大肠，由大肠继续吸收其中的水分，变为粪便，排出体外。

如果大肠的传导功能失常，可因胃失通降、肺失肃降、燥热内结、肠液枯涸、阳虚不运、气虚无力推动等因素而造成，这时就

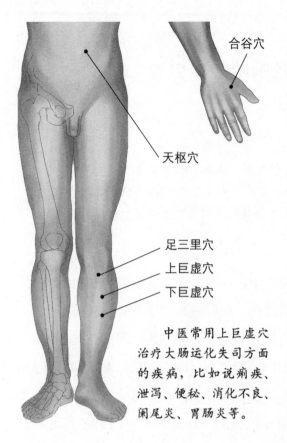

合谷穴

天枢穴

足三里穴
上巨虚穴
下巨虚穴

中医常用上巨虚穴治疗大肠运化失司方面的疾病，比如说痢疾、泄泻、便秘、消化不良、阑尾炎、胃肠炎等。

会出现大便干、便秘等表现。有时也会因为饮食所伤，食滞不化，寒湿或湿热下注等因素，而出现泄泻、便溏等表现。如果积滞和大肠之气血相搏，则会出现下痢赤白、里急后重等表现。如果是因中气下陷、肾虚不固，则会出现久泄、滑脱、脱肛和大便失禁等表现。

作为大肠的下合穴，上巨虚穴具有调和肠胃、行气化淤的功效。我在临床上也常用其治疗大肠运化失司方面的疾病，比如说痢疾、泄泻、便秘、消化不良、阑尾炎、胃肠炎等。

在临床上，我用针灸上巨虚穴（常与合谷、天枢等配穴）的方法治疗腹泻较多。中医认为，腹泻多由进食生冷不洁之物或兼受寒湿暑热之邪，容于胃肠，邪滞交阻，气机不和，清浊不分所致。而取上巨虚穴，则因其能通调大肠腑气，使气调而湿化滞行。

对于平时因饮食失节所致的便秘、腹泻患者来说，可以用艾条灸一灸此穴 5~15 分钟，以皮肤有灼热感为宜。用拔罐的方法也可以治便秘。将上巨虚穴进行消毒后，用闪火法在穴位上拔罐，留罐 10 分钟左右，每天拔 1 次，皮肤会出现紫红色淤血。这是正常现象，不用担心。

11

承泣穴是眼睛的保健要穴

经常揉一揉承泣穴，会使气血旺盛，能够供应眼睛足够的血液。而目得血能视，它有了血才能看东西。经常揉这个穴位，可预防近视眼，缓解眼部疲劳。若能配上四白穴一起按摩，则效果更好。

我们前面说过，脾胃与眼睛在经络上有着或多或少的联系。

目为肝之窍，肝受血而能视，而肝血禀受于脾胃。脾胃所化生的气血，散精于肝，通过经脉上荣于目，眼睛因为得到这些营养而变得明亮。由此可见，我们的眼睛之所以能看东西，除了与肝有关外，还与脾胃有关。我在临床上也有过从脾治疗眼病的实例。

无论是因为脾胃失调所致的眼病，还是其他原因引起的眼病，或是日常对眼的保养，我们都可以通过刺激承泣穴来解决。

承泣穴在哪呢？目视正前方，在瞳孔的直下方，当眼球与眶下缘之间即是。"承"有承受的意思，"泣"有眼泪、水液的意思。它是胃经上比较重要的穴位。胃经多气多血，而承泣穴是胃经最靠近眼睛的穴位，中医里讲"穴位所在，主治所及"，所以经常揉一揉这个穴位，会使眼部气血旺盛，眼睛得到足够的血液滋养。而目得血能视，它有了血才能看东西。经常揉这个穴位，可预防近视眼，缓解眼部疲劳。若能配上四白穴一起按摩，则效果更好。

对于女性朋友来说，眼袋是她们的头号公敌，一旦形成，就很难消除。而眼袋的形成与我们的脾胃功能有着直接的关系，尤其是脾功能的好坏，直接影响到肌肉功能和体内脂肪的代谢。眼袋的

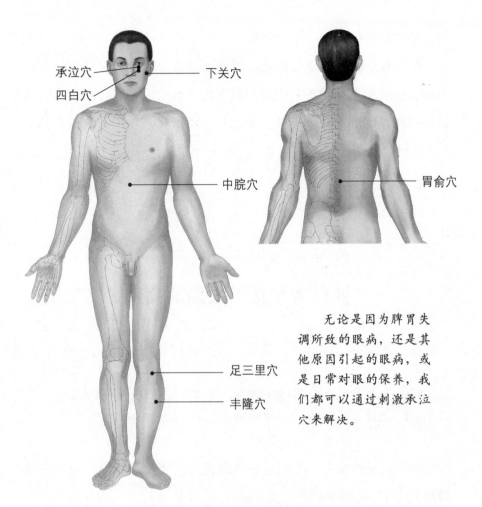

承泣穴
四白穴
下关穴
中脘穴
胃俞穴
足三里穴
丰隆穴

无论是因为脾胃失调所致的眼病，还是其他原因引起的眼病，或是日常对眼的保养，我们都可以通过刺激承泣穴来解决。

出现恰恰是因为胃燥化水功能衰退，使痰湿和水液积在下眼睑造成的。我们可以从经络图上看到，胃经是经过下眼睑的，眼袋的位置正好是承泣穴和四白穴的所在，所以有眼袋的女性朋友要经常按摩承泣穴、四白穴；同时再配合按摩足三里穴、丰隆穴，以提高脾胃功能。

生活中，还有一些人的眼睛并没有什么异常现象，既不红也不肿不痒，可是外出时被风一吹，眼泪就会不自觉地流下来，眼睛模糊，视力也下降了。这种情况叫迎风流泪，一般来说夏天比冬天症状明显。对于这种情况，我们可坚持每天按压承泣穴和四白穴各50

次，效果非常明显。

　　经常有足底、腹部发冷现象的寒证患者，以及常有便秘、下痢等肠胃症状的人比较容易出现眼皮发沉、目中无神的症状。这时我们可以按摩承泣穴、下关穴、中脘穴、胃俞穴，每个穴位每天按摩3~5分钟，效果不错。

12

四白穴是治黑眼圈的高手

　　下眼睑部又是胃经经过的地方，胃经又是多气多血的经脉，因此通过按摩四白穴，可以疏通气血，把废物及时运走。

　　四白穴是胃经上一个很重要的明目穴。"四"是四方，有周围的意思；"白"是指明亮的、光芒的。

　　四白穴在承泣穴的下面，在下眼眶骨下面的凹陷处，直对瞳孔。此穴有疏经活络、养颜明目的功效，可缓解眼部疲劳或眼花，还可治头痛、口眼歪斜等。在临床上，我常用其与阳白穴、地仓穴、颊车穴、合谷穴治疗口眼歪斜。

　　四白穴，从名字上看，它具有美白的功能，因此也有人叫它美白穴。每天坚持用手指按压四白穴，再配上人迎穴（位于颈部，前颈喉结外侧大约3厘米处，用手触摸，会有脉搏跳动的感觉），美白除皱的效果更好。每天可在这两个穴位上，各轻揉3分钟左右，天天

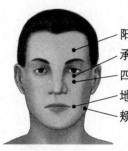

阳白穴
承泣穴
四白穴
地仓穴
颊车穴

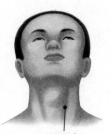

人迎穴

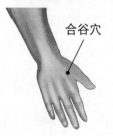

合谷穴

四白穴有疏经活
络、养颜明目的功效，
可缓解眼部疲劳或眼
花，还可治头痛、口眼
歪斜等。

坚持，会收到意想不到的效果。还可以对两个穴位进行艾灸，各 15 分钟左右。注意的是，四白穴处的皮肤比较薄嫩，艾灸时要把控好距离的远近，以免烫伤。

对于有黑眼圈的朋友来说，平时也可经常按按四白穴。很多女性朋友因偶尔熬夜、睡眠不足，就会产生黑眼圈。黑眼圈是因为血液中沉积太多废物的缘故，而下眼睑的皮肤比其他部位薄，最容易反映血液的颜色。下眼睑部又是胃经经过的地方，胃经又是多气多血的经脉，因此通过按摩胃经此处的穴位，可以疏通气血，把废物及时运走。这时我们可以多按摩四白穴，按摩四白穴的时候，最好带上承泣穴，两个穴位加在一起效果会更好。另外，还要保持良好的睡眠，让眼睛得到充分的休息。

现代人工作的紧张，经常是休息不足，容易导致眼部疲劳；还有，学生们经常面对书本，用眼也较多。在感觉疲劳的时候，我们除了进行适当的休息外，还要坚持按摩四白穴，可有效舒缓眼部疲劳。

我们常做的眼保健操中也有"揉四白穴"一节。把两手食指和中指并拢，放在鼻子两侧，中指尖挨在鼻子中部，大拇指撑在下颌骨的凹陷处，然后放下中指，食指尖所指处即四白穴。按揉四白穴，共 4 个八拍。

13

治面瘫有绝招，下关穴离不了

下关穴是足阳明经、足少阳经的交会穴，有消肿止痛、益气聪耳、通关利窍的功效，可治耳鸣、耳聋、牙痛、三叉神经痛、面瘫等。

　　下关穴是足阳明经、足少阳经的交会穴，触摸耳朵前面颧骨下方，骨骼最凹陷的地方即是此穴。此穴有消肿止痛、益气聪耳、通关利窍的功效，可治耳鸣、耳聋、牙痛、三叉神经痛、面瘫等。临床上，我常以下关穴、大迎穴、颊车穴、地仓穴等穴合治面瘫。

　　中医认为，面瘫与外感风寒、风痰阻络、面部气血不通有关。得了这个病会变得口眼歪斜，患病的一侧还不能作皱额、闭眼、鼓气和撅嘴等动作，吹气时常常漏气。

　　下关穴配合其他穴位治疗面瘫效果不错。我以前有一个学生，有一年冬天几个学生在操场踢球。由于人手不够，正好我这个学生刚从澡堂洗完澡出来，就被那几个学生拉着去踢球了。踢完球后这个学生就感到左侧脸有些麻，当时也没在意。第二天起床后，他感觉自己的左脸有些胀痛，而且自己的左眼有点闭不上了，嘴还有点向右歪。

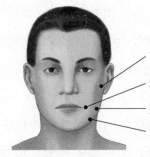

下关穴
地仓穴
颊车穴
大迎穴

下关穴有消肿止痛、益气聪耳、通关利窍的功效，可治耳鸣、耳聋、牙痛、三叉神经痛、面瘫等。

　　这个学生急急忙忙找到

我。我一听他说的经过，再看他这种情况，就知道是受风寒导致面瘫了。后来，我在他的下关、大迎、颊车、地仓等穴进行了针灸治疗，并让他平时坚持按摩这几个穴位。针灸了10天左右，他的面部胀痛明显减轻。后来又针灸了几次就痊愈了，直到毕业也没有复发。

面瘫这个病治起来说容易也不容易，说难也不难，因此大家平时一定要注意预防。很多人在春秋之季的晚上喜欢开着窗子睡觉，有的人一觉醒来发现自己的嘴巴就歪了；还有一些上班族，每天坐公交时喜欢靠着车窗睡觉，醒来后感觉脸部不舒服；还有的人爱生气，如果遇到风寒天气，也容易患上面瘫。因此，这些情况一定要注意。

针灸治疗面瘫效果最显著，因此我建议得了这个病的人不要先按摩，而应该及时到医院采取针灸治疗，然后再进行按摩，按摩是起辅助作用的。也可以对这几个穴位进行艾灸，效果也不错。

还有，得了这个病一定要及时看，千万不能拖。我在门诊中就遇到过很多这样的病人，因为刚开始他们没有把这个病当回事，来晚了，虽然采取针灸的方法治得差不多了，但是还是有后遗症。以前有一个面瘫病人，因为来晚了，我为其针灸了一个月才把他治好。但是他一吹气，嘴还是有点漏气，一般人不注意根本看不出来。一年以后他来我这儿，我一看还是那样。我说你这就是治晚了，平时还是多按摩吧。因此，我在这里告诫大家，有病了一定要及时治，千万不能耽搁了。

下关穴治牙疼的效果也挺好。常言说得好，"牙疼不是病，疼起来真要命"，而用指压下关穴的方法可临时止疼。当你牙疼不可忍耐时，你可用拇指稍用力按压此穴，可立见功效。

14

头维穴是维护头部健康的保健师

头维穴是胃经在头部的腧穴，是足阳明胃经与足少阳胆经、阳维脉的交会穴。在这里，"维"有"维护"意思，显然它是维护我们头部健康的。

常听到周围一些上班的朋友说自己经常头痛，有的人说自己一头痛就会失眠，还有的说自己头痛起来就像戴了孙悟空的紧箍咒，越勒越紧……头痛了，有的人就吃药，一痛就吃药，这样不好，不仅会把胃肠吃坏了，还会让肝肾出问题。

头痛了我们要找到原因，要对症治疗。对现代人来说，大多数人的头痛其实与精神紧张、工作压力、情绪抑郁等心理因素密切相关，我们医学上将这种头痛称之为"功能性头痛"，而只有很少一部分人的头痛可能是器质性问题。

现代人尤其是企业的高管、白领，还有老师、律师等多会患有这种功能性的头痛。睡得少，想得多，工作、生活压力大易使人颈交感神经长期处于兴奋状态，血管收缩，血压升高，导致头部缺血、缺氧，因此感到头痛。

有这样一位女士，她在一家外企做主管，近来由于工作压力大，老是觉得头晕、头痛，动不动就对下属发火。她说自己也不想这样，可有时就是忍不住。到医院做了各种检查，也没有查出什么毛病。后来，我在其头维、下关等穴进行了针灸治疗。经过一个疗程后，她的头痛病就好了。

头维穴是胃经在头部的腧穴，是足阳明胃经与足少阳胆经、阳维脉的交会穴。在这里，"维"有"维护"意思，显然它是维护我们头部健康的。

我们可以从两个方面去理解头维穴的命名：一是它的位置：头维穴位于头部两侧，在前额两侧发际，取穴时，穴在头侧部发际里，位于发际点向上1指宽，嘴动时肌肉也会动的地方。两侧的头维穴就像是侍立于头部两侧的卫兵一样，维护着我们头脑的健康；

二是它的功能：一直以来医学家认为此穴治疗头痛、眩晕有很好的效果，后来人们又发现该穴有调整头部血管功能，改善大脑血液供应和调节脑神经的作用，是名副其实的维护头脑健康的穴位。经常刺激此穴有清脑明目的功效，可治头痛、眩晕、口痛、流泪等。指压头维穴还可以治疗脸部痉挛、疼痛等面部疾病。

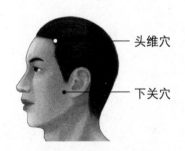

头维穴有调整头部血管功能，改善大脑血液供应和调节运动神经、自主神经的作用，是名副其实的维护头脑健康的穴位。

对于因压力或睡眠不足所致的头痛，我建议大家平时多按摩头维穴。按压时，可用自己一手的拇指指端或螺纹面的前1/3处着力，按压在头颅一侧的头维穴上，并施加一定的力量，持续按压3~5分钟。按压完一侧头维穴后再按压另一侧头维穴，也可用双拇指分别按压两侧头维穴；或者用中指或食指指端按压。

因饮食不节所致的胃痛，也可以通过按摩头维穴来缓解。这是选穴中的远端选穴。穴位治病有个规律，叫"经络所过，主治所及"，就是说经络经过的地方发生的病，可以通过刺激该条经络上的穴位来治。虽然是胃痛，但是我们可以通过取位于头部胃经上的头维穴来治，也会有很好的效果。

　　按摩时，用两个大拇指按于头维穴，其余四指固定于前额，自下向上按摩 1 分钟，再自下向上按摩 1 分钟。然后用双侧掌根按压住两侧头维穴后缓缓揉动。可以有效刺激面部感觉神经末梢，将刺激信号输送到中枢以缓解疼痛症状。

第 **4** 章

打通脾经，
让生命之树常青

　　脾经全称为足太阴脾经，
它起于足的大趾内侧端，沿着
内侧往上走，过了内踝，沿小腿
内侧正中线，到达内踝上8寸
处，交出肝经之前，过膝盖骨，
沿大腿内侧前缘，进入腹部，属
于脾，络于胃，向上穿过横膈，
沿食管两旁，连着舌头。它有一
个分支注入了心，交于手少阴
心经。如果一个人的脾经出现
了问题，全身的气血就会运化
失调，因为脾主运化，运化不
上去，身体得不到营养就会大
受影响。脾又是后天之本，因
此脾胃出现问题了我们可以从
脾经上寻求办法来解决。

1

脾胃的问题脾经可解

脾经容易出现的问题可以从脾经去治，可以多按摩脾经上的几个重点穴位，如太白穴、三阴交穴、阴陵泉穴、血海穴、公孙穴等。

脾是五脏五行之气的中和力量，有"中土"之称——蕴含生机，化育万物，也是我们身体后天能量的根本，饮食水谷营养生化的源头。

《灵枢·经脉》指出，脾之病"是动则病舌本强，食则呕，胃脘痛，腹胀，善噫，得后与气，则快然如衰，身体皆重。"就是说，如果一个人的脾经有了问题，就会出现舌根强

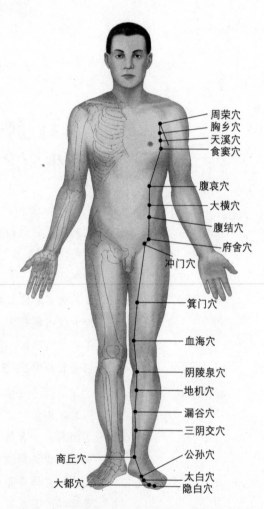

周荣穴
胸乡穴
天溪穴
食窦穴
腹哀穴
大横穴
腹结穴
府舍穴
冲门穴
箕门穴
血海穴
阴陵泉穴
地机穴
漏谷穴
三阴交穴
商丘穴
大都穴
公孙穴
太白穴
隐白穴

一般来说，消化系统疾病可以多按摩脾经，女性朋友月经的问题也可通过坚持按摩脾经来解决。

直、吃东西呕吐、胃痛、腹胀、时有嗳气等症状；在排大便或放屁后，就会感到脘腹轻快舒服，就好像病痊愈了一样。此外，还会出现全身上下均感沉重等病象。所以我们要养好脾胃，要经常按摩这条经脉。

脾经主管着身体的营养的运化和血的运行，不可不通。上面我们说的脾经容易出现的问题可以从脾经去治，可以多按摩脾经上的几个重点穴位，如太白穴、三阴交穴、阴陵泉穴、血海穴、公孙穴等。一般来说，消化系统疾病可以多按摩脾经，女性朋友月经的问题也可通过坚持按摩脾经来解决。

要养好脾经还要少伤肝。肝火旺的人一定要戒除生活中不良习惯，平时要少生气，生气会直接损伤我们的脾胃。还要做到少喝酒、少吸烟、少吃西药，可以说少伤肝就是间接地补脾了。

有人可能会问了，少伤肝和养好脾经有什么关系呢？前面我提到很多次了，我们的肝胆是属木的，脾胃是属土的，而木克土，肝胆过旺就会伤及脾胃。我们的脾胃是负责吸收运化营养的，脾胃虚了营养自然就难以上去了，身体就会虚了。

现代人经常是只吃菜不吃饭，或仅吃蔬菜、水果，这都是远远不够的，饮食要均衡，才能保健康。

要养护好脾，我们还应该少吃或不吃含糖分过高或过于辛辣的食物。含糖过高的食物如蛋糕、冰淇淋、可乐、汽水、香瓜、哈密瓜等；过于辛辣的食物包括烈性酒、辣椒、花椒、胡椒等。对于脾虚的人来说，平时还要多进行运动，但不宜过于激烈，以散步为佳。

2 脾虚的人可以找太白穴来助阵

太白穴为健脾要穴，有健脾和中、理气运化的功效。可以治疗各种原因引起的脾虚，比如先天脾虚、肝旺脾虚、脾肺气虚、心脾两虚、病后脾虚等。

我们知道，脾是主运化的，当脾的运化能力不足，我们的身体就会处于脾虚的状态。为什么会出现运化能力不足这种情况呢？这主要与我们日常饮食失调、劳逸失度，或久病体虚有关。

脾虚的症状有很多，比如小孩子晚上睡觉经常性的流口水，舌头两边有齿痕，吃东西肚子胀，消化不良，女性朋友的崩漏，月经淋漓不尽，都是脾虚造成的。

想要脾的运化能力加强，我们可以多按揉脾经上的太白穴。"太白"是古代星宿的名字，传说此星有平定战乱、利国安邦的本事。

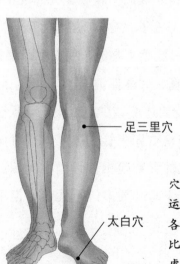

足三里穴

内关穴

太白穴

太白穴为健脾要穴，有健脾和中、理气运化的功效。可以治疗各种原因引起的脾虚，比如先天脾虚、肝旺脾虚、脾肺气虚、心脾两虚、病后脾虚等。

太白穴为脾经原穴，中医认为，凡是脏腑有病都可以取相应的原穴来治。此穴为健脾要穴，有健脾和中、理气运化的功效。可以治疗各种原因引起的脾虚，比如先天脾虚、肝旺脾虚、脾肺气虚、心脾两虚、病后脾虚等。

我遇到过这样一位老年男性患者，他曾做了胰十二指肠切除术，可是术后不久就出现了一系列的并发症：吃完东西后就会吐，吃什么也没滋味，经常打嗝，上腹部感觉发胀。我为其做了详细的检查，发现其脉象细弱，舌苔白厚。我认为，这是由于他术后脾气受损，脾虚则生痰，脾的运化无力，导致气机上逆，出现呕吐、腹部胀满等症状。

我取其太白穴，并配内关穴和足三里穴进行针灸治疗。针灸了一个疗程后，病人就再也没有吐过，且能吃一些流食了，上腹部也不感觉胀满了。后来又为其针灸了几次进行巩固。在这里，针刺太白穴可运化脾气，足三里穴有降逆消食的作用，内关穴可调畅三焦之气。脾的运化能力强了，症状也就消失了，因此病就痊愈了。

太白穴还另有神奇之处，那就是它具有双向调节的作用。就拿调节血糖指数来说，血糖高的可以通过调节此穴让它下降，血糖低的可通过此穴使之上升。

说了半天，太白穴在哪？它位于我们足内侧缘，当第1跖骨小头后下方凹陷处。刺激太白穴有一个非常管用的方法，就是用大拇指内侧多硌一硌，这样健脾效果比较好。如果你感觉不方便，可以找两颗芸豆，用胶布把两颗豆子分别粘在两脚的太白穴位置。这样可以在边看电视的时候，边用一只脚踢另外一只脚的豆子，两不耽误，睡前取下。

太白穴还有一个很好的功效，就是能改善因运动或劳累过度造成的肌肉酸痛问题。

很多人在生活中都有过这样的体验，很长时间不运动，偶尔运动一下就会感觉浑身酸痛。一般来说，这种酸痛现象在休息几天后就会好转。也有的人需要好久都不会好转，这多是脾虚了。脾是主肌肉的，突然的运动会导致脾气耗费很多，使肌肉内部气亏，肌肉就会产生酸痛。如果你遇到了这种情况，可以用艾灸太白穴的方法来解决。

操作方法也是非常的简单，可以用一小段艾条，在脚两侧的太白穴上采用温灸法，灸大约 30 分钟左右就会缓解肌肉酸痛的问题。如果身旁没有艾条，可以用大拇指内侧硌硌太白穴，效果虽不及温灸，但也管用。

3

三阴交的两大超级功效——调脾胃和治妇科病

小 小的三阴交穴可以称得上是一个万能穴了，它不仅能帮你解决身体的病痛，还能为你找回好面子！

三阴交穴属足太阴脾经上的一个非常重要的穴位，可以说它是脾经诸穴中的一个超级明星。

三阴交穴位于小腿内侧，内踝尖上 3 寸，胫骨内侧缘后方。取穴时，正坐，除大拇指外的四指并拢，小指的下边靠在内中踝尖上，从内踝尖向直上量取 4 横指，食指上缘所在的水平线与胫骨后缘的交点处便是此穴。

◇◇ 三阴交穴可调脾胃

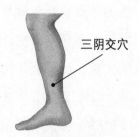

三阴交穴

既然是脾经要穴，那么三阴交穴就
有一个非常重要的功能，那就是调理脾
胃，它能健脾、和胃、化湿。《针灸大
成》说三阴交穴"主治脾胃虚弱，心腹
胀满，不思饮食，四肢不举……"因
此，一切脾肾及下焦的疾患都可从三阴
交穴考虑入手。

三阴交穴就有一个
非常重要的功能，那就
是调理脾胃，它能健脾、
和胃、化湿。

临床上，我常用针刺三阴交穴的方
法来治疗消化系统方面的疾病，比如
说肠鸣腹胀、泄泻、消化不良、腹痛、
便血、便秘等。

◇◇ 治疗妇科疾病，三阴交穴最拿手

三阴交穴的第二大功效就是主治妇科疾病。不管你是月经不调、
痛经、闭经，还是阴道瘙痒、白带过多、子宫下垂等，我们都可以
从这个穴位入手进行治疗。

为什么三阴交穴有如此神奇的作用呢？中医认为，"女子以血为
本"，即女性朋友的月经、怀孕、生产、哺乳每一样都要有气血的支
持。同时白带也属于阴液，过多地分泌白带，也会伤及女性的气血。
而三阴交穴是足太阴脾经、足厥阴肝经及足少阴肾经三条阴经的交
会穴。肝藏血，脾统血，肾藏精，刺激三阴交穴等于对这三条阴经
都做了调节。三经气血调和，则先天之精旺盛，后天气血充足，经
脉运行顺畅，很多妇科病自然就消失了。

就拿女性朋友最常见的痛经来说，按摩三阴交穴就有很好的止

113

痛效果。从中医角度来看，产生痛经的原因大致有两种：一种是气血虚弱或肝肾亏损所致的虚症；另一种是肝气不畅，以致气滞血淤，或过于吃寒凉食物，以致经血凝滞而致的实证。无论哪种情况导致的痛经，三阴交穴都有很好的调理效果。

我曾接待过一位初中生小患者，那天家长带着她来找我。看她手捂肚子痛苦的样子，我就猜得差不多了。家长告诉我说："这孩子每次痛经都疼得非常厉害，以前吧，痛经时一般都是第一天很疼，每次疼得都要睡着才能缓解。不过一般只要能睡着，睡一觉儿就没什么大事了。可是现在疼得比以前时间长了，而且疼得也厉害了。吃了几次药，虽然也见效了，可是毕竟一疼就吃药也不是回事啊。小小的年纪也不能总吃这些药啊！"我很理解这位家长的心情，同时也看出来了，这是一位很明智的家长。

后来，我为其诊脉，其实她这种情况很正常，只是每个人的体质不同，发病情况也有所不同。我就让她每天坚持按摩三阴交穴，刚开始按会有点疼，坚持几天后就会只剩下一点点的痛感了；同时也告诉她远离那些寒凉食物。这样，坚持一个月左右就会有效果了。一个月后，这位家长打来电话，告诉我孩子的病好多了，而且气色也比以前好了。

可能有的朋友会问，我也是这种情况，可是按摩这个穴位并没有感觉疼痛啊？像这种情况多是你脾经上面或者下面已经堵得很厉害了，气血不能顺利通过。这时候你可以沿着脾经按一按，遇见疼的地方就要按，等到血气通道顺畅了，再重点按摩三阴交穴你就会感觉有酸痛感了。

◇◇ 三阴交穴还有很好的除皱功效

对于女性朋友来说，经常按摩三阴交穴，除了能治妇科病外，还可防止脸部长皱纹。现代人无规律的生活习惯很容易损伤脾胃，这样使得脾主肌肉的功能下降。脾一旦不能主导肌肉，最明显的就是肌肉会变得松弛，进而出现皱纹。这时怎么办？除了坚持合理的饮食习惯，减少精神压力，减少夜生活外，还要再每天坚持按揉两侧三阴交穴各 20 分钟以健脾。这样把脾养好了，主导肌肉的基础打实了，皮肤自然变得坚实致密。

有的男性朋友会问，三阴交穴对我们男性朋友有没有作用啊？当然有用啦，没有作用它也不会跑到你身上的。它也是我在临床上治疗男子性功能障碍的常用穴之一。一般有遗精或阳痿的朋友可以多按摩此穴作为辅助疗法。此外，如果你的体内有湿热，经常感觉口干舌燥、总想喝水，这时可多按摩三阴交穴，可以除体内湿热。

可以看得出来，小小的三阴交穴可以称得上是一个万能穴了，它不仅能帮你解决身体的病痛，还能为你找回好面子！

4

艾灸隐白穴治崩漏

脾 不统血导致的崩漏，就如同是河堤没有夯实，水大量外溢。而隐白穴是脾经的井穴，河堤的堤土不牢固，只要在河堤的附近种上一些草皮或树木，以木克制土，水不流失，崩漏自然就止住了。

什么是崩漏？崩，就是指大量的流血；漏，就是月经淋漓不尽。现代医学中的"功能性子宫出血"就属于这一范畴。

中医认为，崩漏的发生主要是因为气血失调，冲任损伤，不能固摄经血，或因饮食劳倦，或思虑过度，伤及脾胃，导致脾虚气弱，中气虚衰，以致统摄无权，冲任不固所致。

脾的功能是统摄血液在经脉中运行、防止血液溢出经脉之外的，但是脾一旦出问题了，失去统摄的能力，就会出现崩漏、血便、血尿、皮肤发青、十二指肠溃疡等症。

有没有简单的方法来阻止这一问题呢？有，就是艾灸隐白穴，此穴是足太阴脾经上的一个非常重要的穴位。脾不统血导致的崩漏，就如同是河堤没有夯实，水大量外溢。而隐白穴是脾经的井穴（五输穴中的一种，井是水的源头，就像源头一样，要一点一点地汇聚，所以井穴位于手指、脚趾的末端，是经气所出的地方），河堤的堤土不牢固，只要在河堤的附近种上一些草皮或树木，以木克制土，水不流失，崩漏自然就止住了。

在我接待的诸多崩漏患者中，有这样一位女性患者，有40多岁。最近一段时间，她每次的月经量都比较多，而且来势也很迅猛。她说，自己现在这个情况已经持续了十多天了，经血的颜色比较淡。我告诉她先去医院做一下身体检查，看看有没有其他病变，如子宫肌瘤等。检查的结果是没有其他病变，只是崩漏，可是她又不想吃药。后来，我为其细细把脉，进而选择为其进行

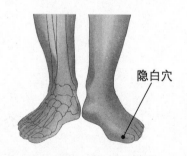

隐白穴

脾的功能是统摄血液在经脉中运行、防止血液溢出经脉之外的，但是脾一旦出问题了，失去统摄的能力，就会出现崩漏、血便、血尿、皮肤发青、十二指肠溃疡等症。

艾灸隐白穴的方法来治疗，针灸了一段时间后，她的问题就解决了。

当然，在临床上，我们要辨证论治，证药相符，方可奏效。如果你的病情并不是太急，且又不方便去医院治疗时，可以参照此法。疗效不理想时一定要及时去医院，辨证论治，以免误治失治。此外，当患者出血量较大，病情危急时，也应及时送往医院救治。

那么，隐白穴在哪儿呢？它在我们大脚趾内侧的趾甲旁。取穴时，正坐垂足，在脚大趾指甲内侧缘和基底部分别画一条直线，两条直线的交点即是此穴。

我们在进行艾灸时，先将准备好的艾条的一头点燃，然后悬于一侧隐白穴上1厘米处，每次熏灸20分钟左右，直至隐白穴周围皮肤转红有热感为止。先灸一侧穴位，然后再灸另一侧穴位，每天灸3~4次，待出血停止后可再继续灸1~2天，使疗效更为巩固。

5 按摩血海穴可以调理月经问题

女性朋友月经方面的病在治疗上应以调理脾胃、补益冲任为主，这样月经的问题自然就解决了。平时多按摩血海穴，可以缓解月经不调的症状。

中医认为，女性朋友月经的正常与否，均受脏腑、经络的影响。《素问·阴阳别论》中指出："二阳之病发于心脾，有不得隐曲，女子不月。"说明了脾胃病中焦化源枯竭，脾不能运化水谷之精微于脏腑，不能上奉心肺而化生为血，津血亏虚，则女性朋友就会出现月经不调等问题。因此，女性朋友月经方面的病在治疗上应以调理脾胃、补益冲任为主，这样月经的问题自然就解决了。

在外因方面，月经不调与我们的生活因素有很多关系，比如说，饮食不节、劳逸失度、房劳损伤及意外创伤等，都会诱发月经病。

此外，不良情绪也会影响月经病的发作。中医认为，凡是突然、强烈或长时期的精神刺激，或生活环境改变，都会引起机体的阴阳失调，血气不和，脏腑功能失常，或进而影响冲任损伤而发生月经方面的疾病。

七情之中，尤以怒、忧思、悲、恐影响较大。比如说，大怒会伤肝，肝气失于调畅柔顺而横逆，会导致月经失调、痛经、月经过多等问题；忧思过度则会伤脾，脾是气血生化之源，又为统血之脏，脾气耗损严重，就会导致月经失调、闭经、崩漏等证；太过于悲伤会伤及肺，肺主一身之气，气机不宣达，血也会随之而不调畅，也会导致月经不调等病；惊恐过度会伤肾，肾失闭藏，则冲任不固，导致月经诸病，尤以闭经、崩漏等证最为常见。因此，月经病的形成，每以情志内伤为主要病因。

李小姐，刚刚25岁，未婚。有一次，李小姐惊讶地发现刚刚拜访后离开十多天的"好朋友"又再度降临，怎么一个月来两次呢？仔细想想，好长时间以来月经就一直不规律，有时提前，有时推后，量也比以前多了。后来，李小姐找到我进行咨询，我了解李小姐的生活情况后得知，是由于她长期的工作压力过大导致了精神紧张，从而使内分泌系统紊乱，改变了月经的规律，进而出现月经不调的问题。我为她进行针灸治疗后，又告诉她多按摩血海穴，可以缓解月经不调的症状。

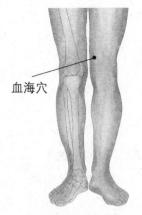

血海穴

血海穴是脾经上活血化淤、通络止痛的要穴。天天坚持在脾经当令（上午9~11点）时按摩血海穴，还可以祛除脸上的雀斑。

血海穴是脾经上活血化淤、通络止痛的要穴。血海穴在大腿的内侧，髌底内侧端上2寸。取穴时，可找一个与自己身材相当的人来协助。被取穴人正坐，屈膝成90°，另外一个人将自己的手掌按在被取穴之人的膝盖骨上（左手放右膝盖，右手放左膝盖），掌心对准膝盖骨顶端，拇指与食指成45°夹角，拇指尖所指的地方就是此穴。进行按摩时，可以将双手掌心放在同侧血海穴上，适当用力揉按1分钟左右，双下肢可交替进行按摩。最好在月经前后几天睡觉前和起床时各做1次，但在月经期间应停止按摩。

此外，天天坚持在脾经当令（上午9~11点）时按摩血海穴，还可以祛除脸上的雀斑。中医认为，血有滋润皮肤的功能，它从面色、肌肉、皮肤、毛发等方面反映出来。气血充盈的人面色红润、肌肉丰满充实、肌肤和毛发光滑；当血的濡养作用减弱时，则面色没有光泽、发黄，肌肤干燥，面部出现雀斑。雀斑的病因虽由血虚引起，然而有形之血生于无形之气，因此治疗宜活血、行气、解郁、补血，血充于面则斑去，而颜面自然有光泽。

血海穴是活血化淤的，因此按摩血海穴有祛斑的作用。血海穴还有抗过敏的作用，比如用来治疗荨麻疹、湿疹、过敏性鼻炎等。使用时，可进行点揉两侧的血海穴，每侧3分钟，力量以能感到穴位处有酸胀感为宜。最好在每天上午脾经当令也就是午饭前按揉效果最佳，因为此时人体阳气呈上升趋势，所以直接按揉即可。

6

消化能力弱可取大都穴

大都穴是脾经上的荥穴，荥主身热，此穴有泄热止痛、健脾和中的作用，对于胃炎、胃痉挛、腹胀腹痛、急慢性肠炎都有很好的缓解功效。

现代人由于饮食过于精致，且缺少足够的运动，长期的久坐，使得胃也不爱运动了，因此胃的消化能力变得越来越弱了。

最近，有一位朋友常对我说他现在感觉自己的消化能力越来越弱了。早餐不爱吃，中午也吃得不多。晚餐总算有点胃口了吧，但是吃完以后感觉肚子不舒服，老觉着自己吃撑了，有时还会吐，其实自己并没有吃多少啊。

我直接告诉他："像你们这些上班族啊，整天吃不好、睡不好的，而且还不爱运动，消化能力岂能会很强呢？你啊，除了多运动、多注意饮食外，还可以多按摩大都穴。"

大都穴是脾经上的荥穴，荥主身热，此穴有泄热止痛、健脾和中的作用，对于胃炎、胃痉挛、腹胀腹痛、急慢性肠炎都有很好的缓解功效。

大都穴在足内侧的边缘，当足大趾本节（第1跖趾关节）前下方赤白肉际凹陷处。取穴时，正坐垂足或取仰卧位，在足大趾内侧，第1跖趾关节前下方，

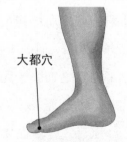
大都穴

大都穴有泄热止痛、健脾和中的作用，对于胃炎、胃痉挛、腹胀腹痛、急慢性肠炎都有很好的缓解功效。

赤白肉际处取穴。

要增强消化能力，需要每天对大都穴进行按摩，两脚的穴位都要按，按摩 10 分钟左右，以自己能耐受的时间和力度为准。

也可以直接用艾条艾灸大都穴，把艾条点着，悬在大都穴上方 2~3 厘米处，用点着的一端对着大都穴灸，每次灸 5 分钟，每周 3 次，效果也比较明显。艾灸大都穴，还特别适合那些情绪抑郁的人，也适合那些工作压力特别大的人。

胃痛、胃反酸时可找公孙穴

对于经常胃反酸、胃痛的朋友来说，刺激公孙穴可以抑制胃酸分泌，进行艾灸或按摩都可以。如果配以中脘穴和内关穴，则效果更佳。

公孙穴是脾经上的络穴，是八脉交会穴之一，通于冲脉。此穴位于足内侧缘，当第 1 跖骨基底部的前下方。取穴时，正坐垂足，从足大趾内侧后一关节处往后推按能找到一个弓形骨，弓形骨后端下缘的凹陷处即是此穴。

作为脾经上的络穴，公孙穴归属于脾，联络于胃，又与胸腹部的冲脉相通，所以它有兼治脾胃和胸腹部等疾病的功效。"八脉交会八穴歌"说："公孙冲脉胃心胸"，取之有"理气止痛"的功效。也就是说，胃、心、胸上的病都可以取公孙穴来治。

对于经常胃反酸、胃痛的朋友来说，刺激公孙穴可以抑制胃酸分泌，进行艾灸或按摩都可以。如果配以

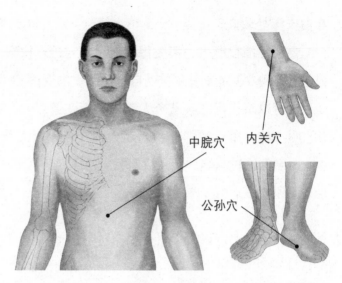

中脘穴 内关穴

公孙穴

公孙穴是与心相通的，按摩此穴可以促进胃肠蠕动，缓解胃胀问题，对便秘也有一定的效果。

中脘穴和内关穴，则效果更佳。

内关穴是心包经上的要穴，也属于八脉交会穴，它与公孙穴一样，也可以治胃、心、胸上的病。

生活中，还有一些人吃完晚饭后觉得心窝难受，而且还觉得心里有气出不来也进不去。而公孙穴是与心相通的，按摩此穴可以促进胃肠蠕动，缓解胃胀问题，对便秘也有一定的效果。

经常按揉刺激此穴，还可达到耐饥的目的。对于上班族来说，如果公司加班过了饭点还不下班时，可采用按摩公孙穴的方法，来消除饥饿感。

对于想减肥的朋友来说，经常按摩一下小腿的脾经，并重点刺激一下公孙穴，配合内服一些药粥（比如山药薏米芡实粥就最适合养脾胃），就会把健脾工作进行到底。脾养好了，运化功能加强了，肥胖自然就控制了。

此穴又与冲脉相通，而冲脉是妇科主脉，所以公孙穴也是治疗

妇科诸症（如痛经、不孕、崩漏）的要穴。如果谁有妇科方面的疾病，除了正常治疗外，还可在每天多揉一揉公孙穴，进行辅助治疗。

一个小穴位能为我们的身体换来大健康，真是身体的福事啊！

漏谷穴可以对付消化不良

每天坚持按揉漏谷穴10分钟，再注意生活习惯，消化不良等问题就会大而化小，小而化无了。

以往每年的春节刚过，我的诊室里都会坐满一些消化不良的病人。很显然，过节了嘛，家家都吃好的，大鱼大肉，致使饮食无度，导致消化不良，出现早饱、食欲不振、恶心或呕吐等症状。

可是最近几年，我发现即使不是春节，平时消化不良的人也越来越多了。说真的，一方面我高兴；另一方面也很担忧。有人可能会说您是不是糊涂了？别人得了病你还高兴。其实，得了消化不良的病主要是大家的饮食太好了，饮食太好了说明什么？这说明我们老百姓不用再过吃不饱、穿不暖的生活，我们的社会进步了。可也正是因为人们吃得太好了，不懂得平衡自己，保护自己，结果胃肠方面的病也越来越多了。

我有一位在外企工作的朋友，他常年在外打拼，由于老婆不在身边，自己的饮食也是能将就就将就，毫无规律。由于身边没有人照顾，我这位朋友每天起床后，匆匆忙忙洗漱完就上班去了，根本没时间、也不愿意吃早饭。这几年来，他每天的上午都是在饥饿中度过的。

虽说早餐不吃，但是我这位朋友中午却有足够的时间来享受各种美食，他经常会约上几个好友出去大撮一顿，什么烤肉啊、麻辣火锅啊，哪样好吃就吃哪样。每次吃得都是大腹便便。到了晚餐时间，他忙得顾不上吃饭，直到半夜才来一顿夜宵，吃完后便是倒头大睡。

刚开始，我这位朋友并没有感觉如何，可是最近他发现自己越来越没胃口了，有时吃点东西还觉得肚子发胀。除了肚子发胀外，他现在一吃东西就想吐，且晚上经常失眠。他找到我时，已经是身心俱疲，无精打采了。

我建议他在饮食习惯上一定要改变，平时还要多运动，少一些工作压力，否则问题还会更严重。临走时，我还向他推荐了漏谷穴。

何为"漏谷"？就是有谷子漏出来之意，也就是食物进入胃里后，还没有消化好呢，营养还没来得及吸收呢，就从身体里排出去了，直接"漏"出去了。中医将这种情况称之为"完谷不化"，而漏谷穴恰能解决此问题。

漏谷穴有健脾和胃、利水除湿的功效。漏谷穴位于小腿的内侧，当内踝尖与阴陵泉穴的连线上，距内踝尖6寸，胫骨内侧缘后方。每天坚持按揉漏谷穴10分钟，再注意生活习惯，这些问题就会大而化小，小而化无了。

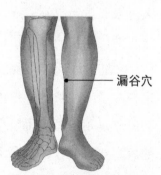

漏谷穴

每天坚持按揉漏谷穴10分钟，再注意生活习惯，这些问题就会大而化小，小而化无了。

9 按摩阴陵泉穴可除长夏暑湿

阴陵泉穴是脾经上的合穴，有健脾化湿、通利三焦、调理膀胱、祛风除寒的作用。

根据中医阴阳五行的理论，古人对四季进行划分时增加一个长夏的季节，具体是指从立秋到秋分的这一时段，合农历六月，包括大暑至白露 4 个节气。

长夏对应五行中的土，长夏属于梅雨季节，是一年中湿气最重的季节。土在天为湿，在脏为脾。中医认为，长夏属土，而脾也属土，故长夏应于脾。

湿为长夏的主气，属于阴邪，最容易伤害人体的阳气，尤其是脾的阳气。

什么是湿呢？中医认为，"湿"其实是滞留人体内的多余水分。它从什么地方来的呢？一是天气变化无常，雨水不断，天气多潮湿，潮湿的天气会让人感觉烦闷湿重、浑身不舒服；二是天气炎热，很多人会通过吃冰淇淋、雪糕、冷饮等寒凉食物来消暑降温，而这些寒凉食物吃多了，就会导致脾失健运。脾本身是运化水湿的，如果脾的运化受阻，体内的多余水分就不能全部运出去。

脾本身的特点就是喜燥而恶湿，一旦脾受湿邪而受损，就会导致脾气不能正常运化，而使气机不畅。这时就会出现脘腹胀满、不爱吃东西、吃什么也没有滋味、胸闷想吐、大便稀溏，甚至水肿等症状。其中，腹泻在长夏里是最容易出现的。

第 4 章 打通脾经，让生命之树常青

125

还有一些人在长夏时总会感到莫名的烦躁，浑身也没有劲儿，吃不下东西，甚至出现头晕、胸闷、恶心等症状。这在中医里是"暑伤气"，也就是我们老百姓说的"苦夏"。这其实也是长夏湿邪惹的祸。

这时我们怎么办呢？阴陵泉穴是脾经上的合穴，有健脾化湿、通利三焦、调理膀胱、祛风除寒的作用。

阴陵泉穴位于我们的小腿内侧，胫骨内侧髁后下方的凹陷处。取穴时，正坐屈膝，用拇指沿着小腿内侧骨的内缘由下往上推按，拇指推按到膝关节下的胫骨向上弯曲凹陷处，即为此穴。每天用手指按揉此穴，空闲的时候就可以，但要保证每天总共按揉 10 分钟以上。如果你体内有脾湿，按此处还会有疼痛感，但是坚持按揉一段时间后，你会发现疼痛在逐渐减轻，这说明你的脾湿正在一点点地被排除体外。

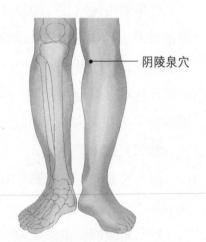

阴陵泉穴

如果你体内有脾湿，按阴陵泉穴会有疼痛感，但是坚持按揉一段时间后，你会发现疼痛在逐渐减轻，这说明你的脾湿正在一点点地被排除体外。

为了避免脾受暑湿所伤，我们在长夏时还要多吃一些健脾食物，我们前面提到的豆类食物就是很好的健脾利湿的食物。此外，我们还要少贪食冷饮和寒凉的瓜果，因为生冷食物易伤脾胃。

既然"湿"为体内多余水分，那么对于慢性前列腺炎、前列腺增生、尿路感染等导致小便不畅、排尿不尽等问题，我们也可以从按摩阴陵泉穴入手。

中医认为，排尿不尽多为脾胃亏虚、中气不足、气化失司所致，

地机穴可健脾渗湿、调理月经

地机穴有健脾渗湿、调理月经的功效，它可以治疗腹胀、腹痛、食欲不振等脾胃方面的病，还可以治疗女性朋友月经不调、痛经等病。

地机穴是足太阴脾经上一个非常重要穴位。脾本身是属土的，"地机"便暗含有"大地机关"之意，所以地机穴气血通畅，脾胃的功能自然就会变得强大起来。

地机穴有健脾渗湿、调理月经的功效，它可以治疗腹胀、腹痛、食欲不振等脾胃方面的病，还可以治疗女性朋友月经不调、痛经等病。

地机穴在何处呢？它在小腿内侧，内踝尖与阴陵泉穴的连接线上，阴陵泉穴下3寸。取穴时，正坐，从阴陵泉穴向直下取4横指即是。我们可用食指指腹点按地机穴周围，寻找最敏感点，用拇指的指腹由轻及重地按压敏感点，以能忍受为度。坚持按压1分钟，每天进行1~2次。

此外，刺激地机穴还可治疗痛经。有些女性朋友痛经的时候非常痛苦，热也不行，冷也不行，我们讲这是淤血，可以按地机穴。

有一位患者，今年34岁，她来时告诉我自己在3个月以前，因参加社区运动时用力过猛，阴道突然流血不止。服用了一些药物后，也没见什么效果。她还说自己感觉浑身无力，不爱说话，精神萎靡，有时还会出现头晕心悸，四肢无力，平时也不爱吃东西。我观察其舌淡苔薄白，为其把脉发现她的脉虚细无力。我推断她这种情况属于脾虚气弱、血不循经所致。后来我为其进行针灸地机穴进行治疗，每天1次，10次为1疗程。1疗程后她就全好了。

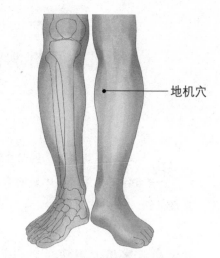

地机穴

地机穴有健脾渗湿、调理月经的功效，它可以治疗腹胀、腹痛、食欲不振等脾胃方面的病，还可以治疗女性朋友月经不调、痛经等病。

为什么地机穴能治痛经呢？地机穴属于脾经上的郄穴，它有和脾理血、调理胞宫的作用。郄穴善于治急性病之说。因此，取地机穴治疗痛经是行之有效的。可以说，地机穴是临床治疗痛经的经验穴。

当然，针刺地机穴需要由专业医师来进行。对于此类型的轻度痛经者，我们可多按压此穴或进行艾灸，以缓解疼痛。

第 5 章

若要脾胃健，
天天来锻炼

生命在于运动，可是现代人太缺乏运动了。缺乏运动使得我们的脾胃呆滞，运化失司，水谷精微失于输布。水谷精微等不能供于全身，怎么能有一个好身体呢？而适度的运动有益于脾胃。正如名医华佗指出："动摇则谷气得消，血脉流通，病不得生。"

日常养脾胃应该多动动脚趾

对脾胃虚弱的人来说，经常活动活动脚趾及脚部可以起到很好的健脾养胃作用。

看着身边那些忙碌的朋友们，他们不是过于缺乏运动，就是饮食不规律，精神压力过大，很多人的脾胃功能因此而衰败了，经常会出现一些消化系统的毛病。如果实在是太忙没时间运动，就多活动活动脚趾头吧！对脾胃虚弱的人来说，经常活动活动脚趾及脚部可以起到很好的健脾养胃作用。

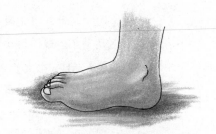

实在是太忙没时间运动，
就多活动活动脚趾头吧！

有人可能会提出疑问：动动脚趾就能养脾胃？这是不是太简单了？能有效吗？

中医认为，人体的五脏六腑在脚上都有相对应的穴位。从经络看，脾经是起于足的大趾内侧端，沿着内侧往上走的；而胃经经过脚的第2趾和第3趾之间。因此，经常活动脚趾，无疑是在变向按摩脾胃二经。脾胃二经顺畅了，脾胃的功能自然也就变好了。

一个人的肠胃功能好不好，我们还可以从脚趾的状态上看出来。如果你的胃肠功能比较好，第 2、第 3 脚趾往往粗壮而有弹性，站立时抓地牢固；如果你的胃肠功能比较差，这两个脚趾干瘪而没有弹性，往往也站不稳。

我们如何运动脚趾呢？如果平时工作忙，可在上班时，边工作边用脚趾抓地、抓鞋底。这样工作和运动两不耽误。抓的时候，两只脚可分别进行，或一同进行，每次抓 5 分钟左右就可以了。

很多人晚上下班回家后，感觉很累，这时你可以在晚上睡觉前，先用热水泡脚半小时，然后再用手按捏脚趾，时间最好控制在 15 分钟左右。或者你可以洗脚时，在盆里放一些椭圆形、大小适中的鹅卵石，这样边泡脚边用脚趾抓石头。

平时没事的时候，也可以多按摩脚趾。按摩也讲究方法，对于脾胃虚弱、经常拉肚子的人来说，可逆着脚趾的方向按摩；对于消化不良及有口臭、便秘的人，最好顺着脚趾的方向按摩，这样可清泻胃火。

我们在活动脚趾的同时，还可以顺手将小腿内侧的脾经以及外侧的胃经一并按摩了，这些都可以起到健脾养胃的作用。

其实，平时我们的散步、慢跑、骑自行车等运动也是在间接地活动脚趾。对于脾胃虚弱的人来说，刚开始进行运动时，最好以小强度运动为宜。如采用速度缓慢、全身放松的步行，可步行两千米左右，时间在每次半小时左右，可以很好的改善胃肠功能，对消除腹胀、嗳气，以及促进溃疡愈合有很好的作用。我们老话说的"饭后百步走，活到九十九"，其实也暗含了这层意思。

养生也需要我们有"举一反三"本事，没事多琢磨琢磨如何多活动脚趾，让我们的脾胃强壮起来，那便是对身体的最大恩赐了！

熊戏大补脾胃法

熊对应的是五脏中的脾，在五行中属土，因此练习熊戏对脾胃有好处。一般来说，有胃酸、胃痛、消化道溃疡的朋友，可以坚持练习熊戏，它很起作用。

熊戏是五禽戏中的一种。所谓的五禽戏其实就是以模仿虎、鹿、猿、熊、鹤5种动物的形态和神态，来达到舒展筋骨、畅通经脉的一种健身方法。

据说，此健身法是东汉末年的神医华佗发明的。这里还有一个很有意思的传说，相传，有一天年轻的华佗去山上采药，到了山上后他发现那里有一个洞穴。他感觉很好奇，就仗着胆子进去了。走着走着他隐约听见里面有人正谈论医术，而且言语间好像还说起了自己。

这可把华佗吓坏了，以为有人要暗害自己，于是他转身想要离开。没想到，里面的人好像早知道他来了一样，喊道："华佗已经来了，何不入内一叙！"华佗没办法，而且听里面人的言语间好像并无恶意。于是他转身就进去了，仔细一瞧，原来里面坐着两位白发长须的仙人。这可把华佗乐坏了，他向两位仙人求教医术，这两位仙人就把所知道的医术倾囊相授。末了，两位仙人还传给华佗一套健身功法，那就是五禽戏。

虽然这只是个传说，但华佗因五禽戏而受益却是事实。华佗当时所处的时代正值战乱，战火连年，瘟疫横行，老百姓流离失所，朝不保夕。在这种情况下，华佗坚持练习五禽戏，直到老年还红光满面，精神抖擞。足可见此法健身功效之一斑。

在中医里，五禽与五脏、五行都是有相对应关系的。

五禽:	鹿	猿	熊	鹤	虎
五脏:	肝	心	脾	肺	肾
五行:	木	火	土	金	水

从这里我们可以看出，熊对应的是五脏中的脾，在五行中属土，因此练习熊戏对脾胃有好处。一般来说，有胃酸、胃痛、消化道溃疡的朋友，可以坚持练习熊戏，它很起作用。

熊戏怎么练呢？《云笈七签·导引按摩》中说："熊戏者，正仰，以两手抱膝下，举头，左僻地七，右亦七，蹲地，以手左右托地。"此后功法流派渐多。这里我向大家推荐一种比较简单的熊戏练习法，此法简单易学，功效卓著。

现代演变来的熊戏由熊运和熊晃两个动作组成：

◇◇ 熊运增强脾的运化功能

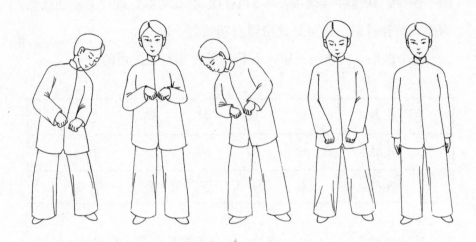

熊运能增强脾胃的运化功能。

具体做法：先将两只手呈熊掌状放在腹部下面，上体向前倾，随身体顺时针做画弧动作，向右，向上，向左，向下，然后再逆时针进行画弧，向左，向上，向右，向下。开始练习时要体会腰腹部的压紧和放松。

注意事项：

1 两腿要始终保持不动，固定腰胯；开始练习时，手要下垂放松，只体会腰腹部的立圆摇转，等到熟练以后，再带动两手在腹部前绕立圆，动作要协调自然。

2 熊运的核心在于丹田，以肚脐为中心圆，以内动向外延伸，带动身体作立圆摇转，两手轻抚于腹前，随之慢慢进行运转。

◇◇ 熊晃可以防治下肢无力

熊晃运动能防止下肢无力。

    具体做法：首先开始提髋，屈腿，接着落步，后坐，前靠，换做右势，再提髋，屈腿，落步，后坐，前靠，上下肢动作一定配合协调。

    注意事项：刚开始练习时，提髋的动作可以单独原地练习，两肩不动，收紧腰侧以髋带腿，左右交替，反复进行练习。

    也许单纯的文字解释，很多人可能看不太明白，其实只要我们找个五禽戏的光盘来看，一下子就会明白，非常简单。

    在演练熊戏时，意念是非常重要的。你可以意想自己好像漫步于美妙的山林中，幽深静谧，或在自然环境相似之处，全身放松，

137

沉稳安详。把形、神、意、气浑然结合，这样能够充分享受演练熊戏的神韵，达到导气令和、引体令柔、神形相交、天人合一的境界。

常练太极拳可调养脾胃

太极拳特别适合现代上班族，尤其是那些平时饮食不规律、工作压力大的朋友。因为太极拳不仅可以很好地改善你的脾胃功能，还能放松你的心灵。

很多人可能都看过李连杰主演的《太极张三丰》，李连杰把中国传统武术太极拳演绎得堪称完美，拳拳到位。每一个动作圆柔连贯，每一式都是绵绵不断，可谓是刚中有柔，柔中带刚。

太极拳不仅可以很好地改善你的脾胃功能，还能放松你的心灵。

现代社会，太极拳不仅仅是一个武术项目了，它更是一项非常好的健身运动。不论是男女老少，还是体弱多病者，都可以练习太极拳。可以练是一回事儿，练不练又是另一回事儿，对于现如今的年轻人来说，他们并不喜欢这个看似"慢悠悠"的运动，实在可惜。其实，作为一项健身运动，太极拳特别适合现代上班族，尤其是那些平时饮食不规律、工作压力大的朋友。因为太极拳不仅可以很好地改善你的脾胃功能，还能放松你的心灵。

我们楼下有一个小伙子，典型的IT精英。平时工作压力大，而且特别忙，有时忙得根本顾不上吃早饭，有时晚饭也免去了。最近一段时间，他感觉自己越来越不爱吃饭了，经常胃反酸，浑身也没有精神了，而且还失眠。这让他非常苦恼。后来，他向我讨教办法。

我直接告诉他："你现在的脾胃受伤了，而且工作压力太大了。你最好先把饮食把握好，如果你愿意，可以试试太极拳，它既能调脾胃，还能解压。""别逗我了，李老师，我练太极拳？那不是老头儿、老太太的运动吗？"小伙子还有些不信。我笑着说："谁说这是老头儿、老太太的运动啦？它可是一项非常好的大众运动，你可以先试试。"

小伙子还是半信半疑，但还是参加了太极拳锻炼。每天早晨他起得比平时上班早一些，然后跟附近的太极拳老手学习练拳。坚持半年后，有一次，在楼下遇见他，他兴冲冲地告诉我："李老师，太极拳还真神，我现在感觉身体比以前好多了，胃也不反酸了，也不失眠了；最主要的是我现在白天工作都有劲儿了，而且啊，我以前性子急，做事毛手毛脚的，现在我做事也稳重多了……"

看着小伙子的兴奋劲儿，我想，练习太极拳对于这些整天忙碌的上班族来说，真是一件功德无量的事。

第5章 若要脾胃健，天天来锻炼

139

为什么练习太极拳能补脾胃呢？太极拳的特点是柔中有刚，刚中有柔，刚柔相济。我们在演练时要求以意行气，意在拳先，所采用的呼吸方式是腹式呼吸，呼吸保持深、长、细、匀与招式动作相互协调，气布周身，运行不息。此间我们身体横膈肌与肋间肌得到了不断的清气输入，其功能活动范围扩大，使得胃肠蠕动得到了加强，促进了消化腺的分泌，而且还增大了对各脏腑的按摩和调养作用。同时也使脾胃处于阴阳互济的状态，有效地保障了脾胃运化功能正常、升降平衡，使得水谷精微输布于全身。

太极拳本身具有轻松、自然、舒展、柔和的特点，动作和缓，以意领气，以气运身，使呼吸、意念与运动三者和谐统一。因此，它也是现代人最好的减压运动之一。

女性朋友也可以多练练太极拳。女性本身体质弱，不适合剧烈的运动，而太极拳具有轻、柔、绵、缓的特点，最适合女性练习。另外，由于受生理上的影响，女性朋友的气血易于亏损、不调，容易出现贫血、肾虚、内分泌紊乱等问题，这样会让自己提前衰老，而练习太极拳可以让自己保持年轻。

现在社会上太极拳的流派很多，比如杨式太极拳、武式太极拳、吴式太极拳、孙式太极拳等。相比来说，杨式太极拳简单易学，很受现代人欢迎。

1956 年，我们国家在杨式太极拳的基础上，删难化简，最后选取了 24 式，编成"简化太极拳"。后来，1979 年又在杨式太极拳基础上，吸取其他各式太极拳之长，编成了"48 式简化太极拳"。至于怎么练，我就不在此另述了，因为我们随便到书店里都能找到很多关于练习太极拳的书。此外，公园里有很多老头儿、老太太都在练习太极拳，你完全可以找他们请教。

小散步，大健康
——散步养脾胃只在举手投足间

散步是一种健身运动，可以健运四肢，而我们知道脾主肌肉、主四肢，因此散步对于脾胃的运化有很好的保养作用。

读过《红楼梦》的人都知道贾母是一个老寿星，她活了83岁。对现代人来说，80多岁可能算不上长寿，但是在当时那个年代，这个年龄绝对称得上是老寿星了。

那么贾母有什么特殊的养生方法吗？其实，贾母的养生之道非常简单，除了饮食喜欢清淡、熟烂、少而精之外，她还喜欢散步。在贾母看来，散步是"疏散疏散筋骨"。每逢节日总是与儿孙媳妇们在大观园里走动、玩乐。

从中医角度讲，散步是一种健身运动，可以健运四肢，而我们知道脾主肌肉、四肢，因此散步对于脾胃的运化有很好的保养作用。

现代上班族多数都属于久坐一族，身体活动得少，胃肠的活动就会跟着减弱，像一些消化不良、便秘等问题都会不期而至。而散步可以促进消化腺的分泌，加强胃肠蠕动，提高消化吸收能力，防止上述问题的发生。还有研究

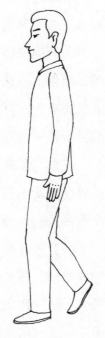

脾主肌肉、四肢，因此散步对于脾胃的运化有很好的保养作用。

表明，"每天一万步"是近年来日本人平均寿命得以延长的因素之一；欧美一些国家，步行锻炼也大有方兴未艾之势。

此外，长期的久坐不动，还很容易发生腿胀、静脉曲张和痔疮等问题。这主要是因为，我们身体下部的静脉淤血，不容易流回心脏。如果我们每天能坚持散步，加强下肢肌肉力量锻炼，有节奏地挤压静脉血管，促进血液循环，对血液迅速流回心脏也非常有利。

尽管经常散步对胃肠的作用很大，但是要讲究科学性。有一次，一位病人的家属给我打电话咨询，说自己的父亲患有胃下垂，有一次不知在哪儿听说的饭后多散步有助于脾胃健康。这不，他每天吃完饭就去散步。没想到，刚走了两天就感觉肚子疼得不行……

老话说"饭后百步走，能活九十九"，这话有道理，但也要有针对性。对于健康人来说或多数病人来说，饭后百步走（当然，这并不是强调吃完饭马上就进行运动，而是休息半个小时左右）是有益的。而像上述这位病人，本身患有胃下垂，再加上吃完东西后，胃的负担更重，再马上运动肯定不好。像这种情况一定要在饭后适当仰卧平躺一会儿，方可运动。如果非要运动也要改在饭前散步。

还有，像患有严重心脑血管病的人也最忌讳饭后运动。因为饭后胃肠活动增加，胃肠部的血流增加，脑部的血流相应减少。因此，什么样的病人适合饭后散步，一定要多咨询专业的医生。

对于健康人来说，散步可以缓行，可以快走，也可以走走停停，时快时慢，各人可根据体力情况而进行。散步时应该让全身自然放松，去掉一切杂念，尽管杂事纷扰，仍应当保持一种闲暇自如的心态，可适当活动肢体，有意识地调匀呼吸，把注意力集中到呼吸上来，从容迈步。散步时，我们还可以配合擦双手、揉腹、抓头皮、捶打腰背、拍打全身等活动，以增强健身效果。

调理脾胃臂单举
——八段锦养脾胃妙法

如果你是一个上班族，本身又有脾胃方面的毛病，没时间练习全套的八段锦，可以在工作之余，反复练习"调理脾胃臂单举"这一动作。

"调理脾胃臂单举"是八段锦中一个动作。

八段锦，与五禽戏一样，也属于我国民间传统的健身术之一。整套动作包括"两手托天理三焦，左右开弓似射雕，调理脾胃臂单举，五劳七伤往后瞧，摇头摆尾去心火，两手攀足固肾腰，攒拳怒目增气力，背后七颠百病消。"

据说，八段锦刚传入清宫时，很多王公大臣和嫔妃太监，纷纷学习此术，一时成为风气。就连少林寺的僧侣每天也是坚持练习八段锦。直到今天，很多上班族也深深地喜欢上了八段锦。我身边也有很多朋友一直坚持练习此法，而且个个是身轻体健，神采奕奕。可见这一民间传统的健身术，对我们的身心健康有多大的作用。

因为我们讲的是脾胃养生，因此我们本节重点要讲的是"调理脾胃臂单举"。

这个动作的具体做法是：

1 自然站立，双腿并步，保持身体直立，抬起右手放在右腹的前面，掌心保持向上，掌指朝左。

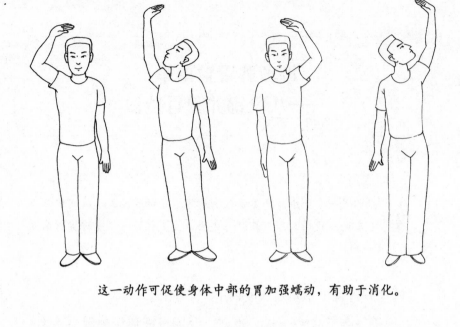

这一动作可促使身体中部的胃加强蠕动，有助于消化。

2 右手上抬放在右胸前面，然后右手向外翻，并同时向上挺举竖直，成掌心向上掌指朝左的姿势。在向上举右臂的同时，左手掌下按于左腿的外侧，掌心朝下掌指朝前（双臂有上下对撑之势）。

3 右掌顺着右胸前下落到身体的右侧，左掌向内翻并曲臂，放在左腹前，成掌心向上掌指朝右的姿势。

4 然后再做反式。

5 收势，左右手自然下落，放在身体两侧，恢复立正的姿势。呼吸时，上托为呼，两掌回收时为吸，交叉时为换。

　　为什么此法可调理脾胃呢？脾胃是我们的后天之本，气血生化的源头，通过脾胃的运化才能得到营养的增加和体力的提高，所以在调理三焦和练气以后，下面接着就要调理你的脾胃。手上托下按是沿着胃经的路线，有很明显的循经导引的作用。这一动作可促使胃加强蠕动，有助于消化。

如果你是一个上班族，本身又有脾胃方面的毛病，没时间练习全套的八段锦，可以在工作之余，反复练习此动作。当然，我的建议是，最好练习全套八段锦，因为全套动作也不过十几分钟，只要我们每天坚持练习即可。

6

摩腹法
——手到病除的健脾开胃法

脾经是经过我们腹部的，此外还有肝经和肾经，通过摩腹可以达到调节肝、脾、肾三脏功能的作用，三脏功能康健，则水湿代谢平衡，水谷津液得输布，痰、水、湿、淤之积聚自散。

可能你现在是大腹便便，想减掉小肚子，却又不得要领；也可能你现在肠胃不好，动不动就便秘，拉肚子……这一切其实都可以通过摩腹法来解决。

中医里讲，我们的腹部为"五脏六腑之宫城，阴阳气血之发源"；脾胃为人体后天之本，胃所受纳的水谷精微，能维持人体正常的生理功能。脾胃又是人体气机升降的枢纽，只有升清降浊，方能气化正常。而经常摩腹，可通和上下，分理阴阳，去旧生新，充实五脏，驱外感之诸邪，清内生之百症。就连唐代名医孙思邈也说过："腹

第5章 若要脾胃健，天天来锻炼

145

宜常摩，可祛百病。"

通过摩腹，我们能有效地减掉小肚子。中医认为，腹部肥胖是脾的运化失常所致，水谷精微不能很好地输布全身而致痰、水、湿，淤积聚于小腹部，因此脾气虚是小腹肥胖的主因。而脾经是经过我们腹部的，此外还有肝经和肾经，通过摩腹可以达到调节肝、脾、肾三脏功能的作用，三脏功能康健，则水湿代谢平衡，水谷津液得输布，痰、水、湿、淤之积聚自散。明代医学家周于蕃指出，摩腹"缓摩为补，急摩为泻"，因此，有便秘等问题时，我们可采用顺时针的急摩法，而有腹泻等问题时，可采用逆时针的缓摩法。

明代医学家周于蕃指出，摩腹"缓摩为补，急摩为泻"，因此我们若要补益脾胃，最好采用顺时针的缓摩法。

按摩时，以肚脐为中心，按顺、逆时针方向盘旋绕，力量要保持均匀，呼吸要保持平稳（吸气时，可用手摩腹右上半圈；呼气时，再摩腹左下半圈），每次半小时左右，每12次为一疗程，疗程期间可休息三五天。

在现实生活中，很多年轻的母亲常会遇到这样一个令人头痛的状况：自己的孩子平时好好的，可有时就会无缘由地出现肚子痛，疼了一会儿后就不疼了。可是过了几天还会发作，甚至有时候一天都会发作好几次。到医院进行检查，医生却说没什么大问题，只是与孩子体质、心理、饮食上有一定的关系，平时多注意一些就好了。

可是看着孩子的难受样儿，作家长的能不心疼吗？有没有好办

法呢？其实，像这种腹痛问题，只要家长掌握了摩腹的方法，就可以缓解。家长先摩擦双手，把双手搓至温热，令孩子仰卧在床上，让孩子露出腹部；然后将手掌轻放在孩子的脐周，以掌部或四指指腹着力，于脐周顺时针做环形摩动，摩至腹壁微红或腹部透热为度。力度不要过大，坚持几天后，孩子的腹痛问题就会缓解，而且孩子的胃口也好了。当然，严重腹痛者，一定要及时去医院进行治疗。

如果你在摩腹时，出现腹内温热感、饥饿感，或产生肠鸣音、排气等，则属于正常反应，不要过于担心。需要提醒大家的是，如果你的腹部皮肤有化脓性感染，或腹部有急性炎症时，一定不宜进行摩腹，以免炎症扩散。此外，腹部有癌症的，也不要进行按摩，以防癌症扩散或出血。

⑦ 脾胃虚弱的人平时可多捏脊

给孩子多捏脊是一种很好的亲子互动的方式；给老人多捏脊是子女的一种孝心体现；给病人多捏脊是一种关爱，以帮助病人树立战胜疾病的信心。

很多年轻的母亲常问我："李老师，最近我的孩子不爱吃饭、消化不良，经常腹泻，有时还容易感冒，可是小小的孩子又不能总上医院打针吃药，有没有什么好办法呢？"

为什么孩子会出现这些情况呢？这主要是因为孩子太小，脾胃本身就虚弱，吃东西又不知道饥饱，如果再多吃些脂肪含量高的食物，比如说，油炸类的食物、过甜的食物、高蛋白食物，会因不能完全消化吸收而影响脾胃的功能，形成积滞、厌食等问题。像这些脾胃疾病，我推荐这些家长可以经常给孩子捏脊来调理。

什么是捏脊？就是用手指捏起脊背上的皮肉，往上提，从尾椎骨一直捏到颈椎骨。

为什么捏脊可以治脾胃虚弱呢？因为人的后背正中有督脉通过，我们在进行捏脊时，可以疏畅督脉，而且通过督脉影响其他阳经，可以使经脉疏利，气血流畅，使身体机能得到有效的改善。此外，在捏脊时，不仅捏拿了脊柱正中的督脉，而且捏拿了脊柱两旁的膀胱经，而膀胱经上分布着各个脏腑的背俞穴，因此捏脊在振奋阳气、调整脏腑功能方面的作用比较突出。此法常用于小儿疳积、腹泻呕吐、便秘、消化不良以及夜啼等症，也可用于成年人失眠、消化道疾病、神经衰弱以及女性朋友的月经不调、痛经等病症。

如何操作呢？在进行捏脊时，让孩子趴在床上，保持背部平直，并放松。家长将两手的中指、无名指和小指握成半拳状；食指半屈，用双手食指中节

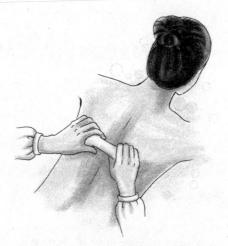

捏脊就是用手指捏起脊背上的皮肉，往上提，从尾椎骨一直捏到颈椎骨。

靠拇指的侧面，抵在孩子的尾骨处；大拇指与食指相对，向上慢慢捏起皮肤，同时向上轻轻地捻动。两手交替进行，沿脊柱两侧自长强穴（在肛门后上 3~5 厘米处）向上边推边捏边放，一直推到大椎穴附近，完成捏脊 1 遍。捏脊一共进行 6~7 遍。需要注意的是，每捏 3 下需将背部皮肤向上提一下。

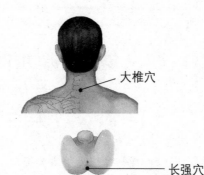

大椎穴

长强穴

人的背部有督脉通过，捏脊可以舒畅督脉，使身体机能得到有效改善。

因为孩子的皮肤比较娇嫩，接受刺激比较敏感，因此捏的时候不能捏得太紧；捻动向前时，应直线进行，不要歪斜，不可捏捏放放。刚开始捏的时候，很多孩子常感不适应，不用担心，多捏几次后就好了。除局部皮肤潮红外，一般没有什么不良反应，如果背部皮肤有损伤，则不宜进行捏脊。如果你的孩子先天体质较差，每天捏脊的次数不宜过多，时间也不宜太长，以 3~5 分钟为宜。

当然，捏脊并不仅仅限于孩子。很多老年脾胃虚弱者，可以找家人帮助进行捏脊。捏的时候最好在晚上睡觉前进行，这样有利于老人休息。每天可捏 1 次，每次 15 分钟左右，10 次为 1 个疗程。

很多有胃病的患者也可通过此法来调养脾胃。比如说，脾胃虚弱型的胃溃疡患者（胃痛隐隐，经常反酸，不爱吃东西，精神不振，身体无力，严重的会四肢冰冷，大便溏薄），可从长强穴捏至大椎穴，手法可稍重一些，以皮肤发红发热为宜。

可以说，给孩子多捏脊是一种很好的亲子互动的方式；给老人多捏脊是子女的一种孝心体现；给病人多捏脊是一种关爱，以帮助病人树立战胜疾病的信心。

多做叩齿咽津运动强肾又健脾

8

《修龄要旨》说："齿之有疾，乃脾胃之火熏蒸。每晨睡醒时，叩齿三十六遍，以舌搅牙龈之上，不论遍数，津液满口方可咽下。每作三次乃止。"

生活中，很多老年人，由于年纪大了，脾胃变得虚弱，常出现一些消化不良、腹泻等问题。为什么老年人的脾胃越来越虚弱呢？这主要是因为人体内的消化液减少、机械性消化功能减弱所致。

怎么办呢？这里我向大家推荐两个健脾胃的小动作——叩齿和咽津。

所谓"叩齿"，是指上下排牙齿轻轻叩击，以改善牙周内的血液循环，坚固牙齿；"咽津"，就是将口中增生的唾液随时咽下，将具有溶解食物、助消化和提高免疫力的功能物质"灌溉"五脏六腑，增强脾胃功能。这两个动作虽小，却对脾胃有非常好的保健作用。

那么，叩齿咽津又和脾胃有什么联系呢？

《脾胃论·脾胃胜衰论》中指出："百病皆由脾胃衰而生也。"而叩齿咽津能健脾胃表现为两个方面：一是叩齿能健齿，齿健，则食物容易被嚼细，这样胃的消化负担就减轻了，从而可以养护胃；二是脾"在液为涎"，与胃相表里。我们前面说过，"涎"为口津是唾液中较清稀的部分，还说"肾为唾"，"唾"为唾液中较稠的部分，二者合为"唾液"，唾液具有帮助食物消化的功能。经常叩齿则能催生唾液，咽之有助于胃"腐熟饮食物"和脾的"运化、升清"，减轻脾胃的负担；达到健脾胃的目的。

明代医家龚居中对此法有如下评价："津即咽下，在心化血，在肝明目，在脾养神，在肺助气，在肾生津，自然百骸调畅，诸病不生。"明代的养生专家冷谦在其《修龄要旨》中也说："齿之有疾，乃脾胃之火熏蒸。每日清晨睡醒时，叩齿三十六遍，以舌搅牙龈之上，不论遍数，津液满口，方可咽下，每作三次乃止。"

具体怎么做呢？我们在叩齿完 36 次后，再用舌头在口腔里进行搅动，这样可以使口腔里的唾液变得丰沛起来。然后我们闭上双目，将津唾分 3 次缓缓咽入腹内，并用意念慢慢地把它送入丹田（肚脐下 3 指的地方）当中，并用意念守住丹田一会儿。

就是这样一个简单的小动作，既不耽误你的工作，又能助你强肾健脾，我们真的没有什么理由不去坚持它！

第 6 章

医身容易医心难，
养脾胃也要养情志

中医认为，人的生命活动与脏腑气血、精神情志是有很密切关系的。《脾胃论》中指出："饮食失节，寒温不适，脾胃乃伤，此因喜怒、忧恐，损耗元气，资助心火，火与元气不两立，火胜则乘其土位，此所以病也。"这充分说明，情志因素在脾胃发病中起着十分重要的作用。因此，想要照顾好脾胃，先要养好情志。

脾胃是对情绪敏感的反应器

当你的心情非常不好时，常会感觉上腹部有明显的饱胀感。实际上，这是你的胃向你发出了报警信号，或者说是一种无声的"警告"——告诉你不能再勉强进食了，否则可能导致某种疾病的发生。

我们的脾胃在身体里就像是一个中转站，饮食进入胃中就要转化。实际上食物就像加工车间里的原材料，它生产出来的东西是精，精中还有气，有精了才能藏气。而脾主运化，脾把精气运化于全身各组织器官，以营养五脏六腑、四肢百骸皮毛筋骨等。

在很多人看来，脾胃的功能无非是容纳、运化食物。其实不仅如此，脾胃还能表达我们的思想情绪，它就好像是我们内心世界的"一面镜子"。大家有没有过这样的体会：当我们的情绪不好、精神不振时，常会茶不思饭不想，而心情好时，则食欲大增。这说明，脾胃功能的改变是我们情绪变化的"晴雨表"。

在我接待的众多患者中，有很多病人都是因为情绪不好而导致胃肠功能失调的。一次，一位白领来找我治疗胃病。她说也不知怎么了，前几年每天工作太忙，压力也挺大的，随之而来的是自己的胃部也开始变得不舒服了。现在工作压力一大或情绪一紧张就会更加不舒服，在当地医院诊断说只是普通的胃溃疡。按理说，这没什么大问题，只要平时多注意调养就行了。可就在这时，她有一个朋友因胃癌去世了。这时她开始感觉害怕了，整天胡思

第6章 医身容易医心难，养脾胃也要养情志

153

乱想，情绪低落，每天晚上总是失眠，胃也越来越不舒服了，她总在想自己是不是也快不行了。原本就这样一个小问题被她完全放大化了。

后来，她到我这儿，了解其病史后，我为其进行了胃部检查，我猜测这是她的不良情绪惹的祸。生活中，我们总会看到有人在生气时说"气得胃疼"，其实这就是因为强烈的情绪变化，引起胃肠痉挛而产生不适感。

从中医角度来看，人的情志不舒，过忧，过思，过怒，都会导致肝气失调，并能伤脾，使气血失和，经络阻塞，脏腑功能紊乱，胃的受纳、吸收和排空及脾的运化功能都会受到影响，导致多种胃肠病的发生。

现代医学中也有大量的资料表明，人在愤怒和紧张时，胃液分泌量大大增加，胃酸也相应增多，过量的胃酸会破坏胃黏膜屏障，引起胃黏膜损伤性病变。而人在恐惧、抑郁或思考时，能减少胃血流量，明显地抑制胃酸分泌，同时引起胃运动减弱。由于胃运动减弱，长时间停留在胃内的食糜和胃液的混合液会对胃黏膜造成损伤。

生活中，你是不是有过这样的亲身体验？当你的心情非常不好时，常会感觉上腹部有明显的饱胀感。实际上，这是你的胃向你发出了报警信号，或者说是一种无声的"警告"——告诉你不能再勉强进食了，否则可能导致某种疾病的发生。

如今，快节奏的生活和激烈的职场竞争，使得越来越多的人情绪不稳定，再加上饮食不规律，缺乏一定量的运动，这样脾胃方面的病就容易找上门来。因此，对于感觉胃肠不舒服的人来说，一定要及早善待自己的情绪，并在生活中建立良好的生活习惯，处事上要豁达大度，不要钻牛角尖，这样才有助于保护脾胃。换句话说，你要照顾好自己脾胃的同时还应先照顾好自己的情绪。

2

结肠有时也是心情的一面镜子

美国费城的一位权威医生曾郑重指出："结肠是人类精神状态的一面镜子，当精神紧张时，结肠也会收缩。"

我们的情绪与身体变化的关系在结肠上也会有令人惊讶的表现。美国费城的一位权威医生曾郑重指出："结肠是人类精神状态的一面镜子，当精神紧张时，结肠也会收缩。"

生活中，我们也会有这样的感觉。在我接待的患者中，有一部分病人叙述自己的症状时感觉好像是患上了胆囊炎，但对胆囊进行检查后，发现一切正常，出现这种情况主要是由于这些人的结肠或者是周围的肌肉因情绪上的变化出现了痉挛而导致的。

还有一些这样的病人，他们患上了便秘，可是四处找原因却找不到结果。为此，一些医学专家进行了多次的实验：医学家们用直肠镜长期观察人的乙状结肠，并且有意识地让被实验者产生忧郁、失望或愤怒、焦虑等各种负面情绪，结果显示这些人的肠蠕动明显受到抑制，乙状结肠会发生收缩，粪便会因此滞留，反复如此便发生了便秘。我在出门诊时就遇到过这样的情况。

有一天，一位公司的副总李先生找到了我，说自己最近便秘，晚上失眠，感觉整个人和以前相比就像是换了一个人似的。最主要是便秘的滋味，让他痛不欲生。我为其做身体检查，可是并没有找到什么原因。后来我与他聊天——以一种平和的心态聊人生。聊着聊着，他开始向我说起自己的心事。

李先生说自己的这种情况在晋升总经理失败之后才出现的。我想，他的症结可能就在这里了。李先生说自己本来就是一个小职员，凭着自己的努力和个人能力，他一步步做到了公司的副总。最近公司董事会决定提升一名总经理，他想自己无论是从个人能力上，还是管理方面，都是第一人选，其他几名副总根本没有能力和他相比。可是就在董事会公布总经理名单时，他却落选了。这让他很是恼火。

虽然李先生还是像以前一样的生活、工作，在饮食方面也很注意。但以前早餐过后准时来临的便意如今却消失了，而且出现了便秘问题。这让他感觉很痛苦，越是这样便秘越严重，他还开始失眠了。他跑了很多家的医院，也没有找到问题的所在。

虽然我不是心理医生，但是通过这么多年的临床经验，我认为李先生受晋升事件的影响，情绪一直是压抑着，没有及时发泄出来，是由于受刺激过大引起了便秘。从医学角度来看，一个人受不良情绪影响，其乙状结肠就会出现不同的变化，收缩就会导致便秘，松弛则会导致腹泻。

不论是结肠收缩导致的便秘，还是结肠松弛导致的腹泻，保持一份好心情无疑是对结肠的最好关爱！因此，平时不要把什么事都放在心中，什么功名啊、利禄啊，都是过眼烟云，保持快乐的心情才是最重要的。

3

压力是造成消化不良的主因

胃肠道"闹革命"是人体面对巨大压力的生理反应，不容我们忽视，我们应该积极调整生活方式，作息规律化，善于释放自己内心的压力，以安抚敏感的胃肠道。

食物只有在人体内进行正常的消化和吸收，才是身心健康的基本保证。因此，健康的脾胃是推动生命活动的关键。

但是现实生活总是不能尽如人意，让很多人面临诸多的压力，如工作压力、家庭压力、情感压力等，这些压力不仅会让人不舒服，还会造成消化不良。很显然，消化不良是现代人非常常见的胃病，我在前面也不只一次提过。

小郑是我的一位患者，他在一家搞网络游戏的公司上班。今年才 24 岁，很年轻，但是身体却不太好。有一次，公司分配了任务，马上快到期了，他也没有完成。平时吃无定时和熬夜早已成了他的家常便饭，现在的他更是焦急万分，坐立不安，觉也睡不好。

最近，小郑开始觉得每次吃完饭腹部都有胀鼓鼓的感觉，有时还会觉得恶心。开始的时候他并没有在意，以为只是一般的消化不良，于是买了胃药来吃。吃了几天，不舒服的症状有所缓解，可一停药，老毛病又犯了。

小郑找到我后，我在门诊里为他做了检查，最后的结果是他患上的是一种名为"肠易激综合征"的毛病。此病的发作除了与饮食有关外，还与精神因素有很大的关系。很多长期处于焦虑状态的年轻人最容易得上这种病，这主要就是由于工作压力过大所致。

随着工作压力的加大，很多年轻人就会莫名其妙地发现，肠胃功能大不如前，食欲减退，却经常感觉腹胀腹痛，或是有饥饿感，但饭还没吃几口就已经饱了，频频腹泻，特别是情绪一紧张时，更是爱往厕所里跑。

从现代医学角度来看，如果一个人处于极大的压力状态下，身体会减少血液、能量对消化道的供给，而把它们集中到肌肉和脑部，来应付压力。如此一来，身体自然就没有多余的能力消化食物，因而造成消化不良。因此，每天适时地调节自己的情绪与压力，是解除消化不良的重要方法之一。

可以说，胃肠道"闹革命"是人体面对巨大压力的生理反应，不容我们忽视，我们应该积极调整生活方式，作息规律化，善于释放自己内心的压力，以安抚敏感的胃肠道。

打嗝也多由坏情绪引起

人的胃气以下降为顺，如果胃气不和，不降反而上逆动膈，就会出现打嗝情况。

相信很多人都有过打嗝的经历，特别是在开会的时候，正当大家静静地听着领导讲话的时候，突然自己冷不丁地不停打嗝，肯定会是一件非常尴尬的事情。当然，在生活中我们每个人都会有过这种经历。不仅大人打嗝，小孩也打嗝，甚至有的宝宝在妈妈腹内也会打嗝。打嗝虽然只是一件小事，但假如连续不停地打下去，恐怕谁也受不了。

打嗝，在中医里又叫呃逆，是指膈肌突然地痉挛性收缩，引起短促、阵发性的声音，通常会自动消失。人为什么会打嗝呢？我们来看，在我们的胸腔和腹腔之间，有一个像帽子似的厚厚肌肉膜，这在医学上称之为膈肌，它将胸腔和腹腔分隔开。和身体其他器官一样，膈肌也有神经分布和血液供应。当引起打嗝的诱因刺激传导给大脑以后，大脑就会发出指令，使膈肌出现阵发性和痉挛性收缩，于是就出现了打嗝。

从中医上来看，人的胃气以下降为顺，如果胃气不和，不降反而上逆动膈，就会出现打嗝情况。我们前面说过，暴饮暴食之后突然喝冷饮、热饮或食物，或吃刺激性食物都会引起打嗝。而且，情志不和，像平时生气、抑郁、忧思都会伤及胃气，导致胃失和降，进而出现打嗝现象。临床上，我们观察到平常较容易打嗝的人，大多为工作紧张或有其他压力的人。

我曾接收过一个高中生小患者。那年，她正准备参加高考，可是就在高考前几天，她突然出现不停打嗝的问题。她的母亲带着她来找我。在门诊里，这个孩子的表现一切正常，没有发出任何异样声音。但是当她面对我的询问时，这个孩子的目光不停地躲闪，而且开始不停地打嗝了，间断两三秒钟1次。看得出，她很紧张、很窘迫。越发这样，打嗝越严重。

孩子的母亲说这个孩子去年参加高考，但没有考上，后来在学校复读。自从那以后，每次学校进行各种大型考试之前，她就会出现打嗝现象，好不容易考完了，她就不打嗝了，这真是怪事了。

我微笑着劝说孩子不要紧张，这只是小毛病，根本不算什么大事。听我这么一说，这个孩子面部轻松多了，开始和我主动交流了。她说自己现在一遇到大型的考试，就感觉特别的紧张，总怕考不好，再加上平时父母要求自己很严。越这样想就越紧张，这时就会不停地打嗝。她说自己老是觉着体内有股气在膨胀，只要一紧张就打嗝。后来，我又了解她的饮食习惯，发现她在饮食上也极为不规律，每天上学时根本不吃早餐，晚餐有时也不爱吃；而且她有一个特点就

第6章 医身容易医心难，养脾胃也要养情志

159

是吃东西特别快，每次家里吃饭，都是她第一个吃完。

　　经过多方检查了解，我发现她的这种情况只是受到焦虑、极大压力困扰引起的打嗝。后来，我告诉她只要保持乐观的情绪，改变自己现在忧郁的性格，在饮食上稍加注意，她这种病会不治而愈的。另外，嘱咐其家长不要给孩子施加压力，否则不利于孩子康复。

5 消化性溃疡与情绪很有关系

　　有些病人胃内常会有一种灼痛感，这其实是热灼胃阴的表现。试想，一个人的胃内有火，就会"烧伤"胃黏膜，因而出现溃疡。

　　胃溃疡和十二指肠溃疡，我们统称为消化性溃疡，在中医里属于"胃脘痛"的范畴。发作时，表现为上腹部特别的疼，且反复发作。有时还表现为胀痛、灼痛，或有刺痛感，或伴有恶心、呕吐、吞酸以及消化不良的症状。

　　除了饮食因素会诱发消化性溃疡外，还有一个非常重要原因，那就是不良情绪也会让人与溃疡结缘。可以说，消化性溃疡是典型的身心性疾病。

　　有一位胃溃疡患者与我谈起他最初发病时的情形：当时他们一家人正在兴高采烈地吃饭，他在老家的母亲突然打来了一个电话，

向脾胃要健康

160

说自己的老父亲病重。听到这一消息后，他嘴里的饭再也吃不下了。当他匆忙坐车回到家时，他的父亲已经过世了，这让他悲痛不已。

此后的一段时间，由于心情过度悲伤，再加上工作劳累、内心抑郁，他以前的好胃口也没了，身体也是日渐憔悴。最初只是不爱吃东西，有时吃完后还呕吐，常伴有胃酸、腹胀，感觉全身没劲、提不起精神，紧接着上腹部开始疼痛，到医院确诊后是胃溃疡。后来，我对症为其进行针灸治疗，并嘱其一定要保持好心情，刚开始效果还不错。但是由于他始终沉浸于悲痛中，病也是时好时坏。

我们的研究表明，除了感染幽门螺旋杆菌以外，情绪因素在溃疡病的发生中起着非常重要的作用。人在生气、愤怒、痛苦等情绪状态下，胃液分泌增多，胃酸增高，胃蠕动增强，而供应胃及十二指肠的血管痉挛。如果胃酸持续增高则容易引起胃黏膜及十二指肠糜烂，导致溃疡。美国的一家医院曾对 400 名胃肠患者进行了调查，结果表明由于情绪不好而患病的占 74%；俄罗斯一家医院也对此进行了研究，结果有 54% 的消化性溃疡患者是因精神创伤引起的。

我有一位老友，是一所大学的教授，退休后被一家外企请去做顾问。说实在的，他本人并不愿意接受这份工作，但是由于自己退休后无所事事，又闲不住，再加上家人的劝说，他勉强答应下来。由于对工作的不熟悉，使得他始终处于一种焦虑的状态中。到了年终，他面对一大摊子工作，开始不断的加班，没有注意休息，结果有一天他的胃部溃疡处血管大面积爆裂，导致胃部大出血。经过医院的极力抢救，才保住了一条命。

其实，现代人又有几个不像我这位老友一样呢？随着现代生活节奏的加快以及环境的改变，人们的工作越来越繁重，劳心劳身，事业不顺心，再加上人际关系紧张，这些问题所致的不良情绪常会导致或加重消化性溃疡。

中医中也非常重视精神因素在胃肠疾病中的作用。明代虞抟在其编著的《医学正传》中指出："胃脘当心而痛……由痰涎食积郁于中，七情九气触于内之所致。"现代都市的上班族其生活压力之大人所周知，这样因情绪致肝伤的现象也非常多。一旦肝伤，则肝的疏泄功能就会失常，饮食就不能被正常消化。不能正常消化的食物堆积在体内逐渐会变成一种热能，也就是我们说的"火"。有些病人胃内常会有一种灼痛感，这其实是热灼胃阴的表现。试想，一个人的胃内有火，就会"烧伤"胃黏膜，因而出现溃疡。

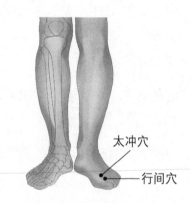

按摩肝经上的太冲穴、行间穴，可以舒肝气。

当你内心有气、无法排解时，我推荐您一个小办法：将你自己两手掌手掌心向里置于两肋，然后徐徐下推，如此反复，可舒缓肝气。每次可进行半小时左右，只要能长期坚持，我们的气也就顺了。此外，还要多按摩肝经上的太冲穴、行间穴，以舒肝气。

一旦患上了消化性溃疡，我们也不要过于焦虑，我们只要在正常使用药物的同时，保持心情愉快，疾病自然轻松治愈。为了身体健康，更为提高生命的质量，我们一定要保持一颗平常心，做到遇事不大喜大悲。

6

思伤脾，最好的解决办法是以怒胜之

一个人在想一件麻烦事时，很容易变得烦躁，容易发火。这时你一定要让火发出来（不要太过），这样你就会克制过度的思虑。

脾，可以说是受情志因素影响最大的脏器之一。

《黄帝内经》认为，脾在志为思，过思则伤脾。在这里，"思"有思虑、思考的意思。原本一个人有点心事，或偶尔思考一件事，对身体的生理活动并没有什么影响。但是过思就不行了，过度思虑会影响我们体内气机的正常运行。《素问·举痛论》如是说："思则心有所存，神有所归，正气留而不行，故气结矣。"意思是说，一个人如果思虑太多，精神过度集中于某一事物，就会使体内的正气停留在局部而不能正常运行，以致"思则气结"。

"思则气结"就会伤及脾，使得脾的升降功能失常，脾气郁结，运化失健，发生胃脘痞闷，吃东西不香，消化不良，腹胀、便溏等不适。脾是后天的根本，脾伤则气血生化乏源，因此，还会出现心神失养等诸多疾病，像失眠、神经衰弱等问题都是这种情况。

我们在生活中常会遇见这样的现象：遇到一件棘手的事，或是一个困难的问题，在百思不知其解，或冥思苦想后，就会感觉吃东西也不香甜。再有，我们常说的"相思病"，也会出现这种情况。有这样一个小伙子，他爱上了一个姑娘，可是他们家里人死活就是不同意，不让他们见面。小伙子天天思念这个姑娘，最后饭也吃不下，人也瘦了。这都是思虑过度伤了脾胃，脾胃虚弱不能正常消化吸收人体所摄入的物质，人就会变瘦。

还有，很多孩子在高考期间，也会吃不好、睡不香，这也是思虑太过所致。所以要想提高记忆力，除了学会健康用脑，不能过度疲劳外，还得健脾益智。这时可以在高考之前多吃一些山药、芡实、香菜以及一些豆类食物，以健脾利湿。

"思伤脾"的问题在从事脑力劳动的知识分子当中最为普遍，为什么呢？你看那些干体力活的工人，一说吃饭，大家都是狼吞虎咽的，吃得特别的香。因为他们有胃口，因为他们什么都不想，就是累了、饿了、该吃饭了；而那些干脑力劳动的人，一说吃饭则多是有心没心的。因为他们整天都在思考，思多了伤脾，脾胃也不爱干活了，自然也不爱吃东西了。

当然，"思"是广义上的，并不只是用脑思考才算，它还包括精神上的高度专注等。

如何解决"思伤脾"的问题呢？我们可以从中医五行的角度出发，中医五行是一个很有意思的东西。在五行中，肝属木，在志为怒；脾属土，在志为思。肝木恰好能克脾土，也就是说怒气能克制思虑。一个人在想一件麻烦事时，很容易变得烦躁，容易发火。这时你一定要让火发出来（不要太过），这样你就会克制过度的思虑。

《续名医类案》有这样一个医学小故事：有一个女孩子与母亲从小相依为命，后来这个女孩子嫁人了。没多久，母亲去世了。这个女孩子悲痛不已，相思成疾。一个人就像丢了魂儿似的，身体常感无力，且嗜睡，胸膈烦闷，吃了几次药也没有效果。后找到当地一位名医，该名医诊脉后认为此病是由相思而得，不是药可以治好的。

后来,这位名医想了一个办法。当地人十分相信女巫假托降神讲的"祸福",于是医生就让这个女子的丈夫买通了巫婆,让这个巫婆编了一套瞎话:"你(该女子)与我(指母亲)前世有冤,所以你故意托生于我,想谋害我,我的死完全是你害的。现在你这个病也是我施的法术,你我生前是母女,死后是冤家。"这个女孩子听了以后大怒:我因思念母亲而病,母亲却反过来害我,我还思念她做什么。于是她慢慢地把思念母亲这件事就忘了,后来她的病也好了。

可以看出,养脾的关键在于避免思虑过多,要劳逸结合。工作时就认真工作,工作之外要放松自己,不要再想工作中的问题。生活中的很多问题都要顺其自然,不能做到的事不要强求。

7

学会笑是给脾胃的最好礼物

为了让我们的脾胃变得更坚强,我们应该学会用笑来面对现实生活,不管生活是苦还是甜。当我们笑的时候,可以收缩腹肌,消除消化管紧张,改善食欲不振、便秘、消化不良等胃肠问题。

人生不如意十之八九。当你不开心时为什么不选择笑一笑呢?忧愁也是过一天,快乐也是过一天,何不快乐过一天呢?为什么要自己给自己找不开心呢?

当我们得了病后,痛苦的感觉可能会直接影响我们的情绪,情绪不好又会加重我们的病情,两者互相影响。比如某些癌症、心脏病、高血压明显是情志不畅所致。而那些平日里爱笑的人、乐观的人很少得癌症和心脏病。

从中医角度来看,情志不畅会影响肝的疏泄功能。如果肝失疏泄太过,就会出现肝木克制脾土的现象,进而出现不爱吃东西、嗳气、呕吐等脾胃症状。这些都是情绪不好惹的祸。

有一个国外的医生曾做过一个不良情绪对胃肠影响的实验,结果:当病人愤怒、怨恨或焦虑时,胃和脸一样充血而发红,并且许多的胃酸腐蚀胃黏膜;当病人悲伤、沮丧或忧郁时,胃黏膜就变得苍白,胃液分泌不足,胃的活动也减少。可见,一个人不开心会影响他的胃肠功能。

为了让我们的脾胃变得更坚强,我们应该学会用笑来面对现实生活,不管生活是苦还是甜。当我们笑的时候,可以收缩腹肌,消除消化管紧张,改善食欲不振、便秘、消化不良等胃肠问题。

有这样一个小故事:据说,元朝有一个书生娶了一个漂亮的夫人。这个书生对夫人特别疼爱,而夫人也是知书达理之人。两个人非常的恩爱,可是好景不长,这个夫人得了一场大病死了。自此,这个书生沉默不语,且茶不思饭不想,吃什么也没有胃口。家人为其找了很多的医生来看,也没有看出什么结果。

这时名医朱丹溪听说了此事,很为这个小伙子的痴情感动,便主动来为其治病。朱丹溪为其把完脉后,就直接对书生说:"从脉象看你是有喜了,问题不大,吃几副药就好了。"刚说完,书生哈哈大笑,他笑朱丹溪徒有虚名,居然为自己诊出喜脉来,简直是太可笑了。后来,这个书生经常拿这件事当为笑料,遇人就说,说完就笑……没想到,笑过几次后,他感觉自己又有活力了,以往的抑郁都一扫而空了,且胃口也好了。后来,这个书生也明白了朱丹溪的良苦用心，特登门拜谢。

笑的作用远不止这些。当我们开心欢笑时，仿佛在进行深呼吸，可以充分补给身体氧气，增强心肌供血能力。很多人是不是都有过这样的体验？当我们在笑过之后，就会觉得浑身血液畅通，感觉精神倍爽，这是因为笑可以促进我们身体的血液循环。

还有科学家通过血液样本对比实验发现，观看喜剧后人体血液中和压力有关的激素大幅度下降，压力激素下降达到70%。这进一步说明，笑具有增强人体正气、减轻压力的作用。

笑能改善心情，但是笑也要有一个度。有些人是不适合大笑的，比如说患有高血压和动脉硬化的人、心肌梗死病人在发作期或恢复期以及心脏内有血栓者，都不宜大笑。这种情况你若再大笑，肯定会出问题的。还有胃溃疡严重者也不宜大笑；做了胸腔、腹腔、心管、心脏等大手术不久的人都不宜大笑……

当然，笑只是让一个人心情变好的手段，而我们最终的目的是让人保持愉快的心情。不管生活有多苦，也不管面对多大的困难，坦然面对、开心面对，事情总会有所转机。

著名社会活动家赵朴初92岁高龄时作了一首《宽心谣》，大家可以读一读：

《宽心谣》

日出东海落西山，愁也一天，喜也一天。

遇事不钻牛角尖，人也舒坦，心也舒坦。

每月领取养老钱，多也喜欢，少也喜欢。

少荤多素日三餐，粗也香甜，细也香甜。

新旧衣服不挑拣，好也御寒，赖也御寒。

常与知己聊聊天，古也谈谈，今也谈谈。

内孙外孙同样看，儿也心欢，女也心欢。

全家老少互慰勉，贫也相安，富也相安。

早晚操劳勤锻炼，忙也乐观，闲也乐观。

心宽体健养天年，不是神仙，胜似神仙。

第 7 章

养生无大道，
细节就奏效

俗话说："养生无大道，小道亦奏效。"也就是说，平时我们追寻的各种养生大道理，其实就是我们身边的小道理，说白了，就是身边的小细节。养脾胃养什么？需要什么大方法、大道理吗？其实都不需要，只要掌握好身边养脾胃的小方法，把握好这些方法，那么我们的脾胃自然就会少生病，或不生病了。因此，我们说敬重脾胃先从生活细节入手，细节决定健康。

四季脾旺不受邪
——脾胃需要时刻关心和照顾

如果我们能够顺应四季的气候变化，起居有规律，避开寒暑，节制饮食，保持良好的心情，并随着季节的变化而随时调节，那么我们的身体就会保持健康，否则就会损伤我们的脾胃，引发各种疾病。

我们说过，"正气存内，邪不可干"。强壮的正气存在于我们的身体之内，任何邪气都是不可能侵犯的，而邪气之所以能够侵犯人体，一定是正气虚弱的原因造成的。而脾是我们的后天之本，气血生化之源，脾的功能健旺，则我们的正气强盛，身体自然健康。一代宗师张仲景有"四季脾旺不受邪"之说，这说明在一年四季中，如果脾胃的功能旺盛，人就不容易受到病邪的侵袭。

《脾胃论·天地阴阳生杀之理在升降浮沉之间论》一节指出："若夫顺四时之气，起居有时，以避寒暑，饮食有节，及不暴喜怒，以颐神志，常欲四时均平，而无偏胜则安。不然，损伤脾胃，真气下溜，或下泄而久不能升，是有秋冬而无春夏，乃生长之用陷于殒杀之气，而百病皆起；或久升而不降亦病焉。"

大致意思是说，如果我们能够顺应四季的气候变化，起居有规律，避开寒暑，节制饮食，保持良好的心情，并随着季节的变化而随时调节，那么我们的身体就会保持健康，否则就会损伤我们的脾胃，引发各种疾病。

第7章 养生无大道，细节就奏效

169

那么，我们一年四季如何照顾好脾胃、使之不受邪呢？

◇◇春天如何养脾胃

春天本来就是肝旺而脾弱的，脾土被肝木所困，容易致脾胃输送、消化功能受影响，出现腹胀、腹痛等毛病。因此，春天除了疏肝利胆之外，还有一个重要的任务就是健脾养胃。养脾胃需静心，使肝气不横逆，脾胃安宁，脾胃运化功能得以正常运转，以达到健脾养胃的目的。

根据春气升发的特点，我们可以多按摩太冲穴、足三里穴、中脘穴，以舒肝健脾胃。

脾胃的饮食调养上，孙思邈在《千金方》中早有说法："春七十二日，省酸增甘，以养脾

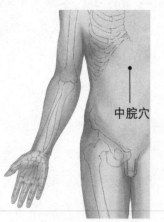
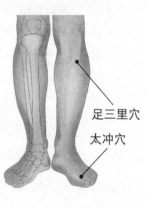

中脘穴

足三里穴
太冲穴

根据春季升发的特点，我们可以多按摩太冲穴、足三里穴、中脘穴，以舒肝健脾胃。

气。"因此，春天里我们最好少吃点酸味食物，多吃点甜味食物，以养脾脏之气，比如我们前面说过的山药、莲藕、萝卜等。此外，春季为万物生发之始，阳气升发，这就要我们少吃辛辣、油腻的食物，以免助阳外泄，使肝木生发太过而克伤脾土。

春天，自然界的阳气开始升发，同时春天的风也比较大，这时我们一定要做到"虚邪贼风，避之有时"，要随气温的变化增减衣服，顺应春季气候多变的规律来保暖防寒，不使阳气受遏。孙思邈主张春天穿衣宜"下厚上薄"，以养阳收阴。

◇◇夏天如何养脾胃

夏天是阳气最旺的时候，同时这时候的湿气也比较重，湿邪容易损伤人体的阳气，特别是损伤脾胃之阳气，导致脾之气机不畅，饮食运化失常，使人出现脘腹胀满，不爱吃东西，大便稀溏，甚至发生胃肠炎、痢疾等病。因此，夏季养脾胃的重点在于除湿。

夏季多雨潮湿，因此暑热之邪常与湿邪相兼为患，即所谓的暑多挟湿，暑天感冒、中暑等疾病，往往是湿与热的症状同时存在。夏季防湿邪，要做到少淋雨、少贪凉；防暑邪，就要在早晚室外气温相对比较低时，应打开窗户通风，以散去人体周围的热气。

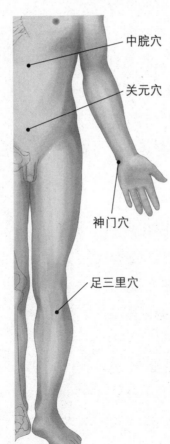

极泉穴

中脘穴

关元穴

神门穴

足三里穴

夏天可以多按摩极泉穴、神门穴、足三里穴、中脘穴，以养心健脾胃。

夏季的湿邪可来自于我们平时的饮食，因为人们在夏季有贪吃寒凉的倾向。夏天的寒凉饮食，特别是冰冻的冷饮，会产生寒湿之邪而导致暑湿兼寒的病症。因此，虽然是夏季，我们还是要少吃寒凉食物。

夏季里还必须注意性格、情操及道德的修养，做到心胸豁达，待人和善。遇事不要斤斤计较、苦思冥想，更不要对身外之物多费心思。

在穴位上，我们可

以多按摩极泉穴、神门穴、足三里穴、中脘穴，以养心健脾胃。

夏季还可以用艾灸关元穴的方法，以补益人体的元气和肾气。《扁鹊心书》中说："每夏秋之交即灼关元千壮，久久不畏寒暑。"其意是说，在每年的夏秋相交的时候，用艾绒做成圆锥体形的艾炷，如米粒大小，点燃后灸关元穴，可提高人体的耐寒和抗暑能力。

◇◇秋天如何养脾胃

每年的秋季之时，很多的家长向我反应，说自己的孩子刚入秋的时候，就变得不爱吃东西了，人也变瘦了，之所以会出现这样的情况，是因为孩子经过炎炎夏日，体内能量消耗较大，饮食结构也会发生变化，孩子们爱吃冷食冷饮，损伤脾胃的阳气，才会出现上述的情况，这类孩子有时还容易患感冒、腹泻。这时最好的办法就是要注意食物的保暖，不要吃太凉的食物，并选择清淡、细软易消化的食物。

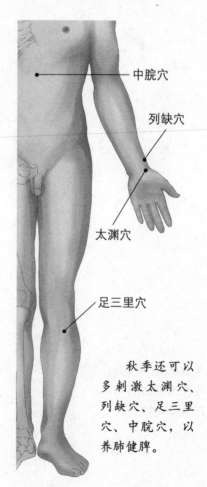

秋季适当多喝一点粥，也是非常好的补脾胃的方法。在我们中医养生里，古人提倡立秋开始每天早晨就应该多吃粥，粥最健脾，可以帮助脾胃滋阴，以助人体阴阳平衡。

秋季还可以多刺激太渊穴、列缺穴、足三里穴、中脘穴，以养肺健脾。

中脘穴
列缺穴
太渊穴
足三里穴

秋季还可以多刺激太渊穴、列缺穴、足三里穴、中脘穴，以养肺健脾。

◇◇ 冬天如何养脾胃

到了冬季，天气变得寒冷了，我们身体受到冷空气刺激后，胃酸分泌增加，胃肠发生痉挛性收缩，因此，抵抗力也慢慢降低。此外，由于天气转凉，人的食欲旺盛，食量增加，使胃及十二指肠的负担加重，容易引起胃病复发。因此，冬季要就温热避寒凉。平时要做到早卧晚起；多晒晒太阳，以使身体温暖；衣着上要保持宽松暖和，外出时要戴帽子或扎围巾；饮食上要适当多吃一些热量高的食物。

冬季由于天气寒冷，我们可多吃些甜味的食物，以为身体提供热能，抵御寒冷。如各种糖、蜂蜜、蜜钱、甜饮料等。但甜食不宜多吃，否则不仅容易使人发胖，还会妨碍脾胃的消化，减少食欲，甚至影响心肾功能。正如《素问·生气通天论》中所说："味过于甘，心气喘满，色黑，肾气不衡。"

由于冬天天气比较冷，人们不愿意外出运动。身体长时间得不到锻炼也会影响消化功能，造成食欲不振、胃肠功能紊乱等。因此，"冬练三九"这个古法，我们还是要坚持下去。

冬季里还可以多按摩关元穴、太溪穴、气海穴、肾俞穴等，以强肾健脾。

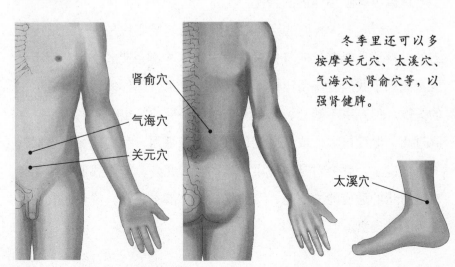

肾俞穴

气海穴

关元穴

太溪穴

冬季里还可以多按摩关元穴、太溪穴、气海穴、肾俞穴等，以强肾健脾。

总的来说，我们一年四季都要养好脾胃，脾胃好了，我们才能吃嘛嘛香，才会开心过好每一天。

长夏湿邪在作怪，健脾除湿是关键

很多人为什么在阴天多雨时，总是感到闷热、全身无力、火气大或压抑、头昏脑涨、身体沉重？这就是因为湿气过重。

我们知道，南方人相对来说要比北方人能吃辣的，南方人几乎是无辣不成席，尤其是大夏天，他们也是以辣为食。从中医养生角度来看，这是一个好习惯。爱吃辣的地方一般是气候潮湿，吃辣可除湿。而南方的气候一年四季都比较潮湿，尤其是夏天更是如此，多吃辣椒可排除掉体内的暑湿。

正常情况下，我们的身体对自然界的气候变化是有一定适应能力的，夏季炎热多湿的气候对我们的身体并不会造成伤害，而不是说暑天来了我们就不用出门了、不用上班了，那样的话，是造物主的失败。但凡事不能过，如果夏天的气候变化超出一定的限度，气温过高、湿度过大，或气候变化过于急骤强烈，我们的身体自然就无法适应了，就会对身体健康造成损害。此外，如果我们身体本身对湿对热的适应能力下降，即使气候变化基本正常，湿热之气也会变为不利因素。

夏天以湿为主气，尤其是长夏季节。中医学认为，湿为阴邪，湿性黏滞。"黏"即黏腻，"滞"，即停滞。因此，湿邪很容易阻遏气机，阻碍体内气的运行。湿邪还有"沉重"的特点。空气中湿度增高，会阻碍人体的热代谢，在高温高湿状态，大气中含大量水汽，皮肤汗液难以蒸发，妨碍了人体的散热过程，即阻遏了正常气化功能。很多人为什么在阴天多雨时，总是感到闷热、全身无力、火气大或压抑、头昏脑胀、身体沉重？这就是因为湿气过重。

前面我们说过，脾最怕湿邪，湿邪很容易损伤脾之阳气，造成脾的运化功能失常，这就是中医里所说的"湿困脾土"。如果脾的运化不好，消化吸收就不好，就会出现不爱吃东西、胸中郁闷、脘腹胀满等症状。

《素问·至真要大论》中说："诸湿肿满，皆属于脾。"就是说，各种因湿气所致的浮肿、胀满等病症，大多与脾有关。当一个人表现为面黄肌瘦、嘴唇没有光泽、经常腹胀、舌苔表现为黄腻、大便溏泄不成形时，那么这个人多是脾虚了；而且湿邪比较盛，已经影响了身体对营养物质的消化和吸收了，所以他还可能会有贫血、浮肿等问题。我们可以采用健脾益气的方法进行调治，比如说，我们可以用四君汤、香砂六君丸等进行辨证调治。

长夏养脾，除了多吃前文我们提到的食物，少吃生冷食物，多按摩阴陵泉穴

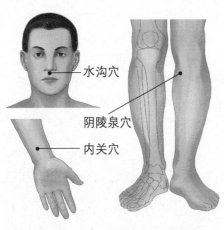

如果在高温下出现胸闷、气短、心慌等症，可以按一下内关穴，可防止进一步的中暑甚至昏迷。

水沟穴

阴陵泉穴

内关穴

外，还要保持好心情，不要多思虑。

这里我还要提一下：夏季中暑的人非常多，中暑多是因暑热或暑湿污浊之邪乘虚而侵袭人体的一种急性病症。轻度中暑可以用点穴方法来防治。如果在高温下出现胸闷、气短、心慌等症，可以按一下内关穴，可防止进一步的中暑甚至昏迷。

如果是重度中暑，可按水沟穴（人中穴）急救促醒。重度中暑的死亡率是很高的，有时可达50%，为什么这样？就是因为没有及时的抢救，大脑缺氧6分钟，造成不可逆性的死亡。而按水沟穴有促醒作用。人中穴在鼻中沟的上1/3，可以用拇指的指甲用力地掐按，不管是中暑还是其他的昏迷、休克甚至晕倒等，都有很好的促醒作用。

3

腹式呼吸是养脾胃的法宝

腹式呼吸其实是对腹部进行了一种良性按摩，这样可以促进胃肠运动，改善消化机能。腹肌又是排便的动力肌，可以说腹式呼吸也是治疗便秘的良方。

大家知道，乌龟为什么长寿吗？原因之一是它们是以腹式呼吸为主的，它们的寿命有的可达1000年，够长了吧！

我们人类呼吸有两种：一种是胸式呼吸，另一种是腹式呼吸。我们人类在学会直立行走以后，就逐渐变为胸式呼吸了，而胸式

呼吸其实是不利于肺的健康的。因为我们在进行胸式呼吸时,只有肺的上半部肺泡在工作,占全肺大部分的中下肺叶的肺泡都在那里"原地休息"。时间长了,中下肺叶得不到锻炼,长期废用,容易使肺叶老化,弹性减退,呼吸功能变差。这样一来就会出现一系列的连带反应,最终导致我们身体的抵抗力下降,各种病痛也会随之而来。

那究竟什么是腹式呼吸呢?所谓的腹式呼吸就是让腹部参加呼吸的一种呼吸方式。说的通俗一点,就是吸气时用鼻子吸,除了胸廓扩张之外,让肚子也鼓起来;呼气时用嘴,随着胸廓回缩,肚子也回缩。使用腹式呼吸会全部调用了肺脏的能量,全身获取的氧气更多,很好地滋养了我们的脏腑。

明代养生学家冷谦在《修龄要旨》中记载:"一吸便提,气气归脐;一提便咽,水火相见。"这其中养生之道就包含了腹式呼吸、提肛、吞津3个要旨,从中我们可以看出腹式呼吸的重要性。

如果我们单从呼吸的角度来看,人类的进化无疑是一种悲哀。因为我们人类在进化过程中,在没有站立起来行走之前,也就是说在爬行阶段,是以腹式呼吸为主的。你可以看看身边的婴儿(尤其是刚刚会爬的孩子),观察他睡觉的呼吸方式,那就是典型的腹式呼吸。但是人随着学会了直立行走,胸式呼吸便成了主导。

我们单从脾胃的角度来看,腹式呼吸其实是对腹部进行了一种良性按摩,这样可以促进胃腹运动,改善消化机能。腹肌又是排便的动力肌,可以说腹式呼吸也是治疗便秘的良方。

平时怎么做腹式呼吸效果最好呢?我们在开始吸气时全身用力,直吸到不能吸为止,然后屏住气息4秒钟,这时你的身体会感觉有些紧张,接着再利用8秒的时间缓缓地将气吐出,吐气时宜慢且长,但不要中断。做了几次之后,你浑身就会有一种特别舒畅的感觉。

　　腹式呼吸要做到深、长、匀、细。深，就是每次一呼一吸都要尽全力；长，时间要拉长，节奏要放慢；匀，呼吸要保持匀称；细，就是要细缓，不能粗猛。

　　此动作什么时候练习都可以，但最好在晚上夜深人静之时在床上练习，会有一种身临其境之感。

　　对于压力大的现代人来说，腹式呼吸还能缓解人的精神压力，消除紧张情绪，让人精力充沛。当你工作累了，或是堵车了，或是与人生气了，都别忘了来几次腹式呼吸，它能帮助你变得平和。

4 灸脐法善治脾胃病

　　肚脐内通五脏六腑，是抵御外邪的门户，它具有向全身输布气血的功能，有健脾强肾、回阳救逆、和胃理肠、行气利水、散结消滞、活血调经的作用。

　　很多女孩子一到了夏天就喜欢穿露脐装，虽说这是一种追求时尚的体现，也彰显了现代女孩那种独特的气质和魅力，但这却暴露了与我们身心息息相关的肚脐。

◇◇肚脐是抵御外邪的门户

　　这小小的肚脐，中医称之为神阙。"神"是心灵的生命力，"阙"

是君主所在城池的大门，所以神阙又有"命蒂"之称。你看那瓜蒂连着瓜秧和瓜果，没有了它还有瓜吃吗？我们都知道，小孩儿在没出生的时候就是靠着脐带从母体里吸收营养的。多么相似啊，这样我们就能理解为什么神阙是我们身体的重要穴位了。

古人有"脐为五脏六腑之本，元气归藏之根"之说。肚脐内通五脏六腑，是抵御外邪的门户，它具有向全身输布气血的功能，有健脾强肾、回阳救逆、和胃理肠、行气利水、散结消滞、活血调经的作用。

肚脐也是最怕着凉的地方，很多女孩子经常出现痛经或月经不调的问题，这多是她们穿露脐装惹的祸。肚脐因受凉而使盆腔血管收缩，就会导致月经血流不畅。对于这种情况，我先来告诉女性朋友一个补救的小方法，很管用的。就是取葱白250克，生姜125克，将二者切碎，然后与食盐250克同炒，趁热装入布袋里，用这个布袋敷在肚脐上。注意，也不要太热，以免烫伤。药凉了后可以再炒热再敷，每次半小时左右，每天做两三次。

男同志们平时也要少露背裸胸，一是不雅观，二是容易使肚脐受寒。夏天里，很多人晚上裸着身子开风扇，睡着了，到了半夜就会感觉肚子痛，有时还会拉肚子，这是因为寒气从肚脐而入，影响了胃肠功能，出现了这些症状。因此，我们肚脐处需要经常保暖，不能给风邪以可乘之机。

◇◇ 艾灸肚脐令人寿

因肚脐有任、带、冲三脉通过，联系五脏六腑，所以如果各部气血阴阳发生异常变化，我们可以借助于刺激神阙穴来调整全身，达到"阴平阳秘，精神乃治"的状态。最好的办法就是艾灸肚脐。

明代有一个著名的学者叫都穆，他在所著的《都公谭纂》记载了这样一个有趣的故事：永乐年间，嘉兴有一个叫金晟的刑部主事。在一次抓差办案时，捉住了很多的强盗。金晟看完资料后发现强盗的头目是一个年龄很大的老者。但从外在表现上看这个人毫无老态，而且"面如童子"。金晟有些怀疑，于是又派人到犯人原籍调查取证，结果的确如此。后来金晟就问这个犯人为什么如此长寿，这个犯人就说了，说自己小时候遇见了一个异人告诉自己"常以草灸其脐，令人多寿"。显然，灸脐长寿是有一定历史依据的。

那么，肚脐对于脾胃方面的病为何有功效呢？中医认为，肚脐周围属脾和小肠，所以通过刺激此穴能治疗由脾阳不振而引起的消化不良等病。神阙临近我们的脾胃部，在五行中又属土，而治疗五行属土的脾胃病，选用灸脐法治病，可谓是"对症下药"了。

艾灸肚脐的方法多种多样。你可将燃烧的艾条直接悬在肚脐正上方 1 厘米左右，进行施灸，以有温热感为宜，千万别烫着。每次灸半小时左右，每天进行 1 次，连灸 10 次为 1 疗程。一般来说，一年四季都可以使用此法，但以秋冬季效果最佳。因体质虚弱而出现的胃肠功能紊乱、神经衰弱等病，用此法进行防治，效果很好。

隔姜灸也是现代人经常使用的一种艾灸方法。取一块姜，切厚片，在上面扎上几个眼儿，放在脐上，点燃艾炷，在姜片上进行雀啄灸（就像鸟啄食一样），以感温热且舒适为宜。每次灸 15 分

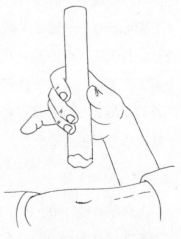

因体质虚弱而出现的胃肠功能紊乱、神经衰弱等病，用灸脐法进行防治，效果很好。

钟左右，隔一天进行 1 次，每月灸 10 次，冬至开始灸最好。隔姜灸是温里通气的，有些人感觉肚子胀，大便却排不下来，若属于虚寒无力者，可使用此法来治。

需要说明的是，脐部有损伤、炎症者及孕妇不要使用灸脐法，饱腹或空腹也不宜使用此法。

此外，通过按压肚脐，我们还可以判断是否有无脾病。《脾胃论·胃虚脏腑经络皆无所受气而俱病论》有云："脾病，当脐有动气，按之牢若痛，动气筑筑然，坚牢如有积而硬，若似痛也，甚则亦大痛，有是，则脾虚病也，无则非也。"从这里我们可以看出，脾胃受病，有一种症状特征，就是病人在按压肚脐时常感觉到脐周的搏动，并且搏动的地方又硬又痛。有这种症状的就表明脾胃已虚。

有时候，我们不得不赞叹中医的神奇，就是这简简单单的灸脐法却能治好很多的病！

5 葛花饮养胃又解酒

解酒有两个方法：一个是通过发散药物（如葛花、葛根）来进行发汗；另一个就是通利小便。

身边有很多的好友都酷爱饮酒，每次醉酒后的那个难受劲儿，让他们连呼下次再也不喝了，可是每有酒席仍是推杯换盏、一醉方休。有两个好友就是因为经常酗酒，最后一个患上了肝硬化，一个喝出了胃下垂。而两个人刚刚 40 岁，多么好的年华，就这样毁在了酒上。

当然，酒并不是一无是处。古人认为"酒为诸药之长"。它性温，味甘苦辛，有散寒气、通血脉的功效。《素问·血气形志》中指出："经络不通，病生于不仁，治之以按摩醪药。"这里的"醪药"就是指药酒。古人认为，酒适当地用、适当地饮对身体是有好处的。

因此，饮酒的原则应该是宜偶小酌，莫久贪杯。有人说过量喝酒会伤肝，其实酗酒伤害最大的就是脾胃。

◇◇ 经常酗酒生百病

酗酒为什么会伤脾胃呢？《素问·厥论》中指出："酒入于胃，则络脉满而经脉虚。脾主为胃行其津液者也，阴气虚则阳气入，阳气入则胃不和，胃不和则精气竭，精气竭则不营其四肢也。"大意是说，饮酒进入胃以后，络脉先满，而经脉气虚，等卫气平稳后，营气才能充盈于经脉。脾的功能是帮助胃输送营养到全身的，如果我们饮酒太多，酒的热性就会损伤脾的阴气，阳气会乘虚而入，造成脾的功能失常。这种情况通常会出现两种结果：一是使消化功能减弱，二是导致脾不能很好地营养四肢。

《素问·厥论》接着说："此人必数醉若饱以入房，气聚于脾中不得散，酒气与谷气相薄，热盛于中，故热遍于身，内热而溺赤也。夫酒气盛而慓悍，肾气有衰，阳气独胜，故手足为之热也。"就是说，这样的人多数经常醉酒和饱食后行房事，造成酒和食物停留在脾胃而无法正常消化，久而久之，就会化生为热，出现全身发热、小便红赤等症状。酒本身性热而猛烈，肾阴这时候也会受到损伤，阴虚则阳气亢盛，因此会出现手足发热的症状。

过量饮酒严重的还会引起酒厥。什么是"酒厥"？《证治汇补·伤酒章》载："大醉之后，忽然战栗，手足厥冷，不省人事，名曰酒厥。"酒厥就是过量喝酒，酒气上攻，神明失主，以烦躁、欲吐、气喘、酣睡昏厥、不省人事为主要表现的厥病类疾病。

此外，饮酒对于心脑血管都有一定的影响，这里我就不一一介绍了。

◇◇葛花饮是解酒的"金牌明星"

虽说饮酒有诸般的不是，可是让一个爱酒的人戒酒却是一件难事。

有人问，平时朋友聚会、参加酒宴，难免会喝多了，这时怎么办呢？《脾胃论·论饮酒过伤》一节中提到了两个方法："夫酒者大热有毒、气味俱阳。乃无形之物也。若伤之、止当发散。汗出则愈。此最妙法也。其次莫如利小便。二者乃上下分消其湿。"这里所说的方法，一个是通过发散药物（如葛花、葛根）来进行发汗；另一个就是通利小便。这两个方法都是通过在上的肺宣发卫气，调解汗孔开合；在下的肾气化蒸腾，通利小便来分别消导湿邪的。

中医认为酒的气和味都属阳，可挥发，如果平时喝多了酒，损伤了脾胃，这时可用葛花、葛根等有发散作用的药物来解，等出了汗就会好了。

先说葛花，民间素有"千杯不醉葛藤花"之说，葛花可清热解毒，分解酒精，健胃养肝。按理说，葛花解醒汤（由莲花青皮、木香、橘皮、人参、猪苓、白茯苓、神曲、泽泻、白术、白豆蔻仁、葛花、砂仁组成）解酒的效果最好，但是其做法很麻烦。如果你是酒桌长客，可以找专业的人为你配制。如果你只是偶尔小醉，可以用葛花（10克）泡水饮，解酒的效果也不错。再说葛根，其性凉味甘，具清热、降火、排毒的功效。用葛根30克，煎水饮服，解酒效果比葛花稍差一点儿。

此外，通利小便可以解酒。很多人喝酒尤其是喝啤酒时不爱上卫生间，实在忍无可忍了才起身离座。其实喝酒时多去几次卫生间排排尿也是一个很好的解酒的方法，多排尿有利于解酒毒。如果没有便意，你可以饮一些西瓜汁、西红柿汁、绿豆汤等，这些食物都是清热解毒、助排尿的。

醉酒的人若想及时醒酒，我们可以采用在耳尖放血的方法。先对耳尖局部皮肤进行消毒，然后用消毒的三棱针或采血针对准耳尖迅速点刺，然后轻轻挤压出3~5滴血，再用消毒棉按压针孔止血片刻。一般1次就可醒酒。

◇◇ 会饮酒也是一门学问

1 酒宜温饮。清人徐文弼则提倡饮酒宜温饮,他说酒"最宜温服"、"热饮伤肺"、"冷饮伤脾"。

2 酒不可夜饮。古人提倡"酒不可夜饮",但是现代人好像与古人恰恰相反,下班后随便在路边的大排档要上几瓶啤酒、来几个肉串,便打发了一夜好光景,这实属于自己找病啊！为什么古人提倡不可夜饮呢？这是因为夜气收敛,一方面所饮之酒不能发散,热壅于里,有伤心伤目的危害;另一方面酒本为发散走窜之物,又扰乱夜间人气的收敛和平静。很多人喝多后睡觉,前半夜可能睡着了,但是后半夜就容易醒来,且再也不容易睡着了,而且还头痛,这就是夜饮带来的危害。

当然了，最好的解酒药就是少饮酒。"酒要少吃，事要多知"，这是老祖宗给我们留下的祖训，我们应当牢记！

6 夏季多出汗容易伤心伤脾胃

出汗多不仅容易导致气血两伤、心失所养，还会影响脾胃功能，导致脾胃虚寒。

很多人喜欢在炎热的夏天运动，而且动辄就是一身大汗，认为这样更健身，其实这是错误的。运动出汗以微汗为宜，尤其是在夏天。微微出汗可以调节人体的体温，调和营卫，有利于气血调畅。

夏季里大量出汗对身体有哪些影响呢？我们中医里有"汗血同源"的说法，《黄帝内经》中也指，"心在液为汗"，这说明汗是很重要的体液，为津液所化生。因此，一旦出汗过多，就很容易耗津伤血，并伤及阳气，导致人体气血两伤、心失所养，出现心慌、气短、失眠、神疲乏力、烦渴、尿少等症状。

有人可能说了，既然汗为津液所化生，那么我们运动完了就多喝些水或饮料来补充体液，不行吗？是的，喝水、喝饮料，的确是补充了体液，可是我们损伤的阳气去哪儿找呢？

出汗多不仅容易导致气血两伤、心失所养，还会影响脾胃功能，导致脾胃虚寒。

《脾胃论·阳明病湿胜自汗论》一节说："人之汗，犹天地之雨也。阴滋其湿，则为雾露为雨也。阴湿寒，下行之地气也。汗多则亡阳，阳去则阴胜也，甚为寒中。"意思是说，人体在出汗时，就像是大自然下雨一样。阴寒会滋生湿气，湿气厚重就会化而成雾、露或者雨水。雾、露、雨水是自然界阴湿寒冷并向下运行的地气。人如果汗出过多，就会损耗我们身体里的阳气，阳气被耗损过多，阴气就会相对过盛，就有可能会出现中焦脾胃虚寒之证。

从这里我们可以看出，汗与湿同属阴，虽然湿气和汗液是两个不同的概念，但都具有阴寒的性质。阴寒易伤脾胃，因此对于爱出汗的人来说，我们要注意适当多补充一些盐分，可以适当喝点淡盐水；平时多吃健脾补气的药食，如山药、党参、北芪等。此外，大汗淋漓后，容易感受外邪，此时应及时擦去汗水，更换衣物，避免受风着凉。

我们说出汗多了容易伤脾胃，反过来讲，脾虚的人湿气重，也比别人更容易出汗，特别是手和脚。这是由于脾虚者体内的湿气是往下走的，以四肢尤其是脚部更容易出汗。

一般来说，白天爱出汗为自汗，与脾肺气虚有关，这时应多吃一些补气健脾的食物，像我们前面提到的山药、红豆、浮小麦就是不错的食物。夜间爱出汗多是盗汗，与肾阴虚有关，这时应以补肾健脾为主，我们可以多吃一些人参排骨汤、冬瓜汤，可以滋阴敛汗。

7

清淡的饮食养脾胃

我们在调理脾胃时，一定不要吃太咸的食物。中医认为，咸能走血，助长火邪，消散肾水真阴。

我们前面说，中医里的"咸"除了包括食盐外，还包括现在讲的"矿物质"。中医认为，咸有补益阴血、泻下软坚散结等作用。咸还有"重镇"的作用，在这里"重镇"意指除了可以温补肝肾，还可以降血压，减低大脑睡眠中枢供血量，让太亢奋睡不着的人可以安眠入睡，有很好的镇静功用。主要代表性食物有牡蛎、海螵蛸、石决明等。

《黄帝内经》中说"咸入肾"，"肾者，通于冬气"。因此，根据秋冬养阴、冬季养肾的原则，我们在冬天里可以适当多吃一些咸味食物，以补养肾脏，如海带、紫菜、海蜇等都是非常好的食物。当然，也不能毫无节制地滥食咸味食物，否则会损伤心脏，同时对脾也不利。

多食咸会伤害心。在《素问·五脏生成》中早有一说，文中说"多食咸，则脉凝泣而变色。"意思是说，如果过多地食用咸味，就会伤害心脏，因而引起血脉凝涩不通畅，使本来红润的面色变为黧黑。

那么，过食咸怎么又会伤脾呢？人在冬天里适当吃一些咸味食物，可调节肾脏功能，使之阴阳平衡，不虚不实，但如果吃得多了，则反而会使肾之阴阳失调，肾阳不足；而脾阳是依靠肾阳的温养作用才能主运化的，肾阳不足，就会使脾阳虚弱，运化失常，会出现五更泄、食谷不化等症。

《脾胃论·脾胃将理法》一节也提到：脾胃"忌大咸，助火邪而泻肾水真阴"。就是说，我们在调理脾胃时，一定不要吃太咸的食物。中医认为，咸能走血，助长火邪，消散肾水真阴。

脾胃是喜欢清淡的，无论是大咸、大甜，还是大辛、大酸、大苦，脾胃都不喜欢。清淡要做到多蔬菜、多水果、少油腻、少厚重，还要做到荤素搭配，营养均衡。

8

饱餐后性生活更伤脾胃

肾为先天之本，一个人的肾气一旦衰弱，作为后天之本的脾胃自然就会因为失去了肾阳的温煦而变得虚弱。

众所周知，房事跟肾有关系。但如果将房事和脾胃放在一起，很多人可能感觉会很牵强。其实，这两者并不牵强。

中医认为，肾藏精，如果一个人纵欲过度，就会造成肾精不足，继而肾阳衰弱。我们知道，肾为先天之本，一个人的肾气一旦衰弱，作为后天之本的脾胃自然就会因为失去了肾阳的温煦而变得虚弱。如果一个人本身患有脾胃方面的疾病，在性生活上更加慎重。尤其是要提醒胃炎及消化性溃疡患者，平时要注意节制性生活，以免加重病情。

我在这里要强调的是，饱餐后再进行性生活，对脾胃影响更大。

有这样一位年轻的女性患者，她在一家律师事务所工作。有一段时间里，她每天都加班工作，每次下班到家都已经很晚了。回到家后，丈夫早已做好了晚饭，狼吞虎咽吃完晚饭后，她就迫不及待想上床睡觉了。可她的丈夫却"性"致勃勃，就这样两人勉强开始了。可是没多长时间，她就感觉自己的胃疼。后来，两人改换了体位，胃疼还是没有缓解。丈夫焦急地问："为什么这几天，每到关键时候你的胃就疼呢？"她也很奇怪："我也不知道怎么了，一做爱胃就疼……"

第二天，两人来到医院，检查结果是慢性胃炎。我们知道，慢性胃炎的发病原因有很多，像这位女患者的情况，多与他们长期饱餐后立即进行性生活有关。从现代医学角度来看，饮食过饱后胃肠道的工作量会加大，本来身体需要很多的血液去参加胃肠道的工作，以促进消化。但因房事时性器官也需要充血，此时再立即进行性生活，就会出现胃肠道与性器官共同争血的情况，从而导致胃肠道缺血，时间长了就很可能会出现上述情况。

除此之外，喝多了酒行房事，也是养生之大忌。酒容易乱性，又易损伤脏腑。酒醉入房，很容易耗竭肾中精气，其危害更大。正如《三元参赞延寿书》中所说："大醉入房，气竭肝肠。丈夫则精液衰少，阴痿不起；女子则月事衰微，恶血淹留生恶疮。"

性爱应该是和谐，和谐的性爱要有充足的准备，同时还要有一个好环境、一个好心态。

第7章 养生无大道，细节就奏效

189

生病起于过用——过度劳倦导致脾胃失常

过度劳倦伤及脾，脾受伤而先病，脾便不能为胃传输运送水谷精微，胃也紧跟着就会生病。脾与胃生病的先后虽有可能不一样，但受邪的病机都是一样的。

在这里，我们说的过度劳倦，并不是单纯指体力劳倦，还包括脑力劳倦、饮食劳倦（吃得太多）、精神劳倦（精神压力太大）等。过劳会伤身也会伤心，《黄帝内经》中有一句话便道破了生病的天机——生病起于过用。

《素问·经脉别论》这样说："故春秋冬夏，四时阴阳，生病起于过用，此为常也。"其意是说，一年四季中阴阳之气不断运动变化，而发生疾病的原因，大多是由于我们平时吃得太饱、过于劳累以及精神刺激太大造成的，这是发病的主要原因。

《素问·宣明五气》做了进一步的补充："久视伤血，久卧伤气，久坐伤肉，久立伤骨，久行伤筋。"

久视伤血：经常不知疲倦地用眼会耗伤血，因为肝藏血，目为肝之窍，而肝受血方能视，久视就会伤血。这种情况在电脑族和学生族中最为普遍。

久卧伤气：就是我们的身体由于长时间久卧会造成气血流通不畅，不仅肢体筋骨、五官九窍之气会渐趋衰弱，而且还会累及内在各脏腑之气，最后会出现身体懒散、精神不振等问题。

久坐伤肉：前面我们说过，坐得太久了，会导致肌肉无力。

久立伤骨：我们在站立时主要靠腿与腰的支撑，而腰为肾之府，站立过久，导致腿与腰过度疲劳，伤及肾和骨。

久行伤筋：肝主筋，足受血而能行走，但是久行就会伤及筋。

以上这些其实都是因"过用"所致的。

那么，过劳又是怎么伤脾胃的呢？《脾胃论·脾胃胜衰论》指出："劳倦则脾先病，不能为胃行气而后病。其所生病之先后虽异，所受邪则一也。"过度劳倦伤及脾，脾受伤而先病，脾便不能为胃传输运送水谷精微，胃也紧跟着就会生病。脾与胃生病的先后虽有可能不一样，但受邪的病机都是一样的。

一个人过用体力，会出现中气受损、脾胃功能减退、出现胸闷气短、浑身无力、不爱说话、胃纳减退、胃脘部有重坠感的症状。同样，一个人过度用脑，也会耗气伤脾。生活中，有些人喜欢在晚上加班工作或伏案看书，这样会使脾胃运化迟滞，消化功能紊乱，出现脘腹痞满、不爱吃东西或吃完后也不容易消化。此外，过度劳累，不管是脑力劳动还是体力劳动，对于脾胃虚弱的人来说，更有可能会加重其病情。

我们知道"生病起于过用"，可是现代人却从不注意这些，拼命加班工作、拼命使用身体，最后导致身体因劳所伤，更有甚者出现了越来越多的过劳死。

当有些人把过劳当成是一种习惯时，他们离生病就不远了。要改变这样的现状就要学会劳逸结合，学会合理地安排自己的时间，该工作的时候工作，该学习的时候学习，该休息的时候休息。只有我们学会放松自己的身心，学会调整自己的生活，休整后的工作或学习精力才会更加充沛，效果才会更好。

谁是真正的"元凶"
——药物中毒最先损害胃气

得病了，我们必须要做到治养结合，并学会正确地使用药物，辨证地使用药物，以防药物中毒。

俗话说，得病了要"三分治七分养"，养什么呢？其实就是养胃气。为什么不说"七分治三分养"呢？因为治疗需要用药，而用药其实是在伤胃气。胃气一伤，人不能吃东西了，就像带兵打仗一样，后方粮草一断，前方自无战斗意志了。可以说，损害身体的真正元凶是药物中毒。

现在有些人，得病了动不动就吃药，好多人吃药跟吃饭一样。是药三分毒，我们的肝脏是解毒的，你吃了这么多药，要增加肝的多少负担啊？肝火旺直接伤害脾胃，从中医五行来说，这是肝木克制了脾土，久而久之，"百病皆由脾胃衰而生"，什么脂肪肝啊、各种肝炎啊、各种胃病啊、高血压啊、糖尿病啊……就都来了。

滥服西药最常见的毒副反应当属胃肠的反应。一般来说，一些对胃肠道黏膜或迷走神经感受器有刺激作用的药物会引起恶心、呕吐等问题。比如说硫酸亚铁、氨茶碱等会让人产生恶心、呕吐，偶尔还会让人出现腹泻；胍乙啶、心得安等会引起腹泻；阿司匹林、水杨酸钠、消炎痛等会诱发胃及十二指肠溃疡导致出血……

有人可能会问，多吃一些中药、补药，总行吧?！我还是那句话——是药三分毒。和西药一样，中药、补药我们可以用，但是要适度，要符合中医的辨证观。

有这样一位年轻人，本来身体挺好的，前不久不知从哪儿弄来一支人参，自己煎汁服用了，结果到了晚上就感觉胃胀、胃疼得受不了，还出现了头晕、面部潮红、血压升高、流鼻血等症状。到医院一检查，是因为过服人参所致，他很长时间一直都吃不下东西，见什么都没有胃口。很显然，这是伤着胃气了。

我们楼上住着一位李大妈和她的小孙子，因为孩子的父母经常在外出差，所以大多数时间这个孩子都由李大妈一个人照顾。有一年夏天，李大妈在电视里听说小孩子在夏天里吃六神丸不会生疮疖，于是她就让小孙子每天都吃点六神丸。虽然小孩子没有生疮疖，可却因为吃多了六神丸，导致孩子不爱吃东西，而且整天没有精神。这可吓坏了李大妈，她找到了我说明情况后，我说："李大妈，药不能乱吃啊。六神丸虽说是清凉解毒的，可是不能像您这样天天给孩子吃啊，这是把孩子的脾胃给伤着了。"看着李大妈心急如焚的样子，我也安慰她，孩子现在这种情况还没有什么大问题。我给孩子开了一些调补的药，再让他改善饮食，慢慢就调过来了。我再次说明一下，滥用像六神丸这种药，严重者可危及生命，因此大家服用时一定要小心。

在中药中，还有一些苦寒药，久服会伤人体的元气，损伤脾胃功能。中药理论自古就有"苦寒伤胃"之说。像板蓝根，药性本身是苦寒的，用于清热解毒，适合一些体质强壮、容易上火的人吃；但如果你本身属于虚寒体质，面色发黄且经常拉肚子，则不宜久服，否则会引起胃痛、怕冷、食欲不振等症。

还有一种情况就是，有些人身体虚弱，想通过补品来补一补，可是没想到吃了后就口舌生疮，经常失眠、腹胀，还拉肚子。这在中医里叫"虚不受补"。在这里，脾胃虚弱是导致虚不受补的主要原因。你看，由于脾胃被那些补药给塞满了，脾主运化的功能失灵了，而补品多为滋腻之品，所以在服用后，不但不能被很好地消化吸收，反而增加了胃肠负担，出现消化不良等症状。

不得不说，有些病是我们自己造成的，因此要使用"七分养"的方式去纠正。当然，我们也不能完全靠食养、动养、心养等方法去克服严重的疾病，这就必须加用药物。我所要强调的是，得病了，我们必须要做到治养结合，并学会正确地使用药物，辨证地使用药物，以防药物中毒。

11

摄养、远欲、省言
——养生三大家常方

日常养生要记住：摄养、远欲、省言。

李东垣在《脾胃论》一书中著有"摄养"、"远欲"、"省言箴"三大养生方，这同时也是"未病先防"的方法。那我们如何做到这三点呢？

◇◇ 摄养

这就要求我们在日常生活中一定要慎起居，适寒温，防止外邪侵袭。比如说：

平时洗澡或出汗时不要对着风，以防风邪侵袭。

天气寒冷的时候，应该积极调动身体的阳气来抵御风寒。

如果穿得太少，身上感觉很冷，呼吸短促，这时要添加衣服。如果还是感觉呼吸不畅，可用一碗热水熏蒸口鼻，这样就会缓解呼吸短促的问题。

天热的时候，要记得多饮凉开水，不要等口渴了再喝水；天冷的时候，可多吃一些温热的食物。

总之，养生应从生活中的细节入手，细节决定健康。

◇◇ 远欲

名利和身体哪个对我们更重要呢？金钱和身体哪个又对我们重要呢？显然，身体对我们是最重要的，否则有再多的名利和金钱，没有健康的身体，又有什么用呢？

人有欲望本无可厚非，有的人的欲望是客观的、有节制的。在现代社会，越来越多的人重名图利，不择手段地去追逐财富，结果欲望太多、太重，无形中给自己增加了压力，更有甚者将自己引向了歧途。

因此，养生不仅仅要养好身，还要养好心，这就要求我们远名利、远物欲，不要为其所羁绊。

◇◇ 省言

古人认为，天之三宝是日、月、星，地之三宝是水、火、风，人之三宝是精、气、神。我们养生养什么？用老百姓的话说其实养的就是一个精气神儿。《脾胃论》中说："气乃神之祖，精乃气之子，气者，精神之根蒂也。"要养好精、气、神，就要求我们平时少说话，否则话说多了会耗伤我们的精、气、神。古人养生，强调安心静坐，少语寡言，养神存精，以享天年，也就是这个道理。

第 8 章

药本无贵贱，
效者是灵丹

　　著名的医药家张锡纯认为，我们使用的药物不分高低贵贱，只要我们使用得当，都可治大病。现实生活中，很多人固执地认为药越贵越好，吃得越多疗效就会越快。殊不知，药有没有效并不在于贵贱，而在于是否对症施治。如果对症用药，就会收到良好的效果；如果用药不对症，不仅可能无效果，而且还可能是致命的。正所谓"药本无贵贱，效者是灵丹"。

简单的山楂汤治好了小儿厌食症

对于平时消化不良、不爱吃东西的孩子来说，适当多吃点山楂还是不错的。但是不要多吃，多吃反伤脾胃。

与过去的穷苦日子相比，生活在现代都市里的孩子厌食的越来越多了。很多家长常来找我诉苦，有的家长说："我家的孩子什么东西都不愿意吃，每次吃饭都是全家人哄着吃。"还有的家长说："我家的孩子一吃饭，就喊肚子疼，倒是吃零食从不间断。"这些问题显然让家长很苦恼。

一般来说，3~6岁的孩子最容易出现厌食的状况。某些慢性病，如消化性溃疡、慢性肝炎、结核病、消化不良及长期便秘等都可能是厌食症的原因。但是，大多数小儿厌食并不是由疾病引起，而是由于不合理的饮食习惯、不佳的进食环境及家长和孩子的心理因素造成的。

中医也认为，小儿厌食的病因主要是由于喂养不当所致。比如说，饮食品种过于单一。进食过肥甘厚的食物，吃蔬菜少，暴食，偏食，饥饱无度，以致脾胃受损，运化功能失常。这时就会出现腹胀腹痛、身体变瘦、精神劳倦、面色焦黄、烦躁哭闹等问题。

◇◇ 小儿厌食了莫忘山楂汤

前一段时间，一位家长带着一个小患者来看病。这个小孩子今年刚3岁半，看上去显得又瘦又小、爱哭，半年来不爱吃饭，手足心热。平时吃饭很是费劲，倒是喜欢喝水，晚上出汗较多，有时肚子疼，经

第8章 药本无贵贱，效者是灵丹

197

常发烧，大便干燥，而且多是两天才排便一次。我看她嘴唇干红，舌头也较红，表面光滑没舌苔。再了解了孩子的日常饮食后，我认为她这种情况多是平时贪吃甜腻、辛辣食物导致脾胃津液受损所致。

后来，我建议家长为其做几次山楂汤服用试试。我把做法和用法简单向她说了一下：取山楂片20克，大枣10枚，将二者烤焦呈黑黄色，加入鸡内金2个，再加入适量的白糖煮水，频频温服，每天2~3次，连服两天。另外，嘱咐家长让孩子少吃甜腻、辛辣食物，多吃一点蔬菜和主食。即使孩子不想吃，也要想法儿让他多吃一些主食。过了两天后，孩子家长打来电话，自然是千般感谢，万般赞美，说孩子现在吃东西比以前强多了。

在这里，山楂有消食的作用。《本草通玄》中指出："山楂，味中和，消油垢之积，故幼科用之最宜。"过去我们看，谁家的孩子不爱吃饭了，家里人都会给孩子吃点糖葫芦、山楂糕开开胃就好了。因为山楂能消食，小孩吃点山楂，不会积食存食，也就不会有内热。大枣则可补中益气、安中养脾，而鸡内金则有消食健胃的功效。三者合而为一，可健脾止泻，消食化滞。

当然，山楂汤不是说想用就用的，你还需要找专业的医生为您的孩子对症开方。对于平时消化不良、不爱吃东西的孩子来说，适当多吃点山楂还是不错的。但是不要多吃，多吃反伤脾胃。名医朱丹溪说过："山楂，大能克化饮食。若胃中无食积，脾虚不能运化，不思食者，多服之，反克伐脾胃生发之气也。"

儿童厌食并不是一两付药就能治好的，需要多方面配合，最主要的是家长要培养孩子良好的生活习惯。比如说，孩子该吃饭时就吃饭，该玩时就去玩，不要太限制孩子，但也不要太放纵孩子，尤其是零食这一块要有所控制，零食吃多了肯定会影响吃正餐。

家长在给自己的孩子做饭时，也要讲究烹调方法。一定要给孩子的饮食是细、软、烂的，易于消化吸收的。大家知道，脾胃是怕生冷的，孩子本身脾胃就虚弱，所以更怕生冷食物，因此孩子更要少吃生冷食物。

◇◇ 揉足三里、摩腹、捏脊，巧治小儿厌食

我再多啰嗦几句，治疗小儿厌食，还可以从穴位入手，可先揉足三里穴，再给小儿摩腹，然后再进行捏脊。

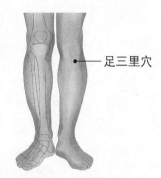

足三里穴

按摩足三里穴能治疗小儿厌食。

揉足三里的时候，可以用食指轻轻地揉，两条腿上的足三里穴都要揉，每个穴位揉 3 分钟左右。

对小儿摩腹时，可在小儿吃奶或进食半小时后再进行。家长先把手掌搓热，一只手放在小儿的腹部，从腹部的右下方做顺时针的摩动，用力要轻，稍稍带动皮肤即可。速度不用过快，每分钟 30 下，连续摩腹 3 分钟即可。

捏脊时，先让孩子趴在床上，家长用双手的拇指和食指轻轻捏起孩子脊背上的皮肤，轻提，然后轻放，如此反复，从下方往上方提，把脊背的皮肤都捏一遍。一般 5 遍即可，每天做 1 次或隔天做 1 次。

先按摩足三里，再摩腹，最后捏脊，每天晚上临睡前给孩子做 1 次，此套动作最适合脾胃气虚引起的小儿厌食症。患有脾胃气虚型厌食症的孩子，多面色萎黄，神疲乏力，大便常夹有不消化的食物或者大便不成形。

除了饮食和经络外，还要保证孩子有充足睡眠，适量的活动，良好的心情……这些虽然不是最重要的，但是也是保证孩子身体健

康的必然条件。

当然，小儿厌食症的治疗，对四缝穴放血效果也很好。大家可以参考我的《李志刚穴位养生方》那本书。

健脾美白当数三白汤

三白汤可以调和身体的气血、调理五脏的功能，进而起到美白祛斑的作用，最适合那些由气血虚寒导致的皮肤粗糙、萎黄的女性朋友使用。

有些女性朋友总是感觉自己的脸色有些差，浑身没劲儿，精力也不如以前集中了，以为是工作太累造成的，其实这主要是因为脾胃功能差所致。一般来说，脾胃功能好的人，精神状态良好，肌肤也是比较白净、津润、丰腴；相反，脾胃功能不好的人，往往显得没精神，整个人也显得瘦弱无力，皮肤也没有光泽。

脾是后天之本，气血生化之源。脾胃功能差的时候，身体出于保护自己的目的，就会自发进行调节，少吃东西以减轻脾胃的负担。而且，脾胃功能较差时，再好的东西吃进去也不能被充分吸收，容易造成气血生成少，不能滋养皮肤，所以脸色看上去很差，显得没有血色和光泽。

可见，要想使自己的皮肤富有光泽、要想皮肤变得白皙，就得增强脾胃的功能。这里我们向大家推荐一款美白中药方——三白汤。

三白汤是由白芍、白术、白茯苓、甘草四味药材组成的养颜汤。明代著名儒医李梴在其《医学入门》中记载的三白汤是这样的——"白芍、白术、白茯苓各5克，甘草2.5克，水煎，温服。"这个方子最初是用来治疗伤寒虚烦的，后来人们发现它还有补益气血、美白润肤的功效，于是在民间广为流传。古人认为此汤可以调和身体的气血、调理五脏的功能，进而起到美白祛斑的作用，最适合那些由气血虚寒导致的皮肤粗糙、萎黄的女性朋友使用。

为什么三白汤有如此功效呢？我们先看看其中的成分。

白芍味甘酸，性凉，归肝、脾经，有养血柔肝、缓中止痛、敛阴收汗之功。《医学启源》中记载：白芍"安脾经，治腹痛，收胃气，止泻利，和血，固腠理，泻肝，补脾胃"。

白术性温，味甘、苦，归脾、胃经，有健脾益气、燥湿利水的功效，主治脾虚食少，腹胀泄泻等。

白茯苓味甘、淡，性平，归脾、肺、肾经，有渗湿利水、健脾和胃、宁心安神的功效，主治脾虚食少、泄泻、心悸不安、失眠健忘等。

甘草性平，味甘，归十二经，有补脾益气、清热解毒、润肤除臭的效果，主要用于脾胃虚弱所导致的口臭以及皮肤皲裂等。

我们看这几种药物有一个共同的特性，就是都归脾经，都有补脾胃的功效，脾胃好了，肌肤自然就靓丽了。

如何使用呢？我们可以先到药店买回这4种药，然后用水煎汤喝。有的人可能会觉得这样做太麻烦，这时你可以自制泡茶袋。具体做法：用白术、白芍、白茯苓各150克，甘草75克，分别研成粗粉末，并将这四者混合均匀，装入30个小包中，每天拿1包用开水冲泡，代茶饮。

好了，从现在起，女人的快乐和美丽便从三白汤开始！

补中益气汤
——源自《脾胃论》的名方

补中益气汤有两大作用：一则能补气健脾，使后天生化有源，脾胃气虚诸证就会痊愈；二则能升提中气，恢复中焦升降之功能，使下脘、下垂之证药到病除。

在中药汤剂中，补中益气汤是一个不得不提的方子。这个方子最初来源于《脾胃论》，如果说起这个方子的功用，一本书恐怕也说不完。因此，我今天简要地说一说。

补中益气汤是由黄芪、人参、白术、炙甘草、当归、陈皮、升麻、柴胡、生姜、大枣组成的。方子里的这几位"英雄"，可谓个个身手不凡。

其中，黄芪有益气固表、敛汗固脱、利水消肿的功效。什么是"固表"？就是加强人体外边的防御系统。有的朋友总是冒虚汗，风一吹就特别爱感冒，就可以用黄芪（生）来固表。黄芪本身对于气虚乏力、中气下陷、久泻脱肛等等有很好的治疗作用。

人参，大家都知道，那是补气的，可大补元气、复脉固脱、补脾益肺、生津止渴，对于劳伤虚损以及久虚不复者有非常好的调补作用。

当归是补血、活血的名药，具有补血活血、调经止痛、润肠通便的作用。可用于血虚萎黄、眩晕心悸、月经不调、闭经、痛经、虚寒腹痛、肠燥便秘等证。

陈皮有理气降逆、调中开胃、燥湿化痰的作用，可治脾胃气滞胸闷、脘腹胀满等。补中益气汤中补气药物较多，若一味补气，势必造成壅塞，人体会接受不了而造成气郁症状，如胸闷、腹胀等，此时稍加点儿理气的陈皮、人体气机就顺畅了。

升麻升阳明之气，有升阳举陷的作用，可治气虚下陷等证。李东垣指出："升麻，发散阳明风邪，升胃中清气，又引甘温之药上升，以补卫气之散而实其表，故元气不足者，用此于阴中升阳。又缓带脉之缩急。"

柴胡升少阳之气，有舒肝理气，升阳解热的作用，可治肝郁气滞、胸肋胀痛、脱肛、子宫脱落等。

此外，白术健脾益气、燥湿利水；炙甘草温中健脾，调和诸药；生姜温中止呕；大枣补中益气、安中养脾。

综合全方来看，这个方子一则能补气健脾，使后天生化有源，脾胃气虚诸证就会痊愈；二则能升提中气，恢复中焦升降之功能，使下脱、下垂之证药到病除。

现代药店里的补中益气丸就是由补中益气汤演化而来的，只是方中的人参变成了党参，但党参具有补益中气的功效，因此效果是一样的，且补中益气丸在使用上更加方便。

当然，好药往往是一柄双刃剑。补中益气汤温补效力较强，所以，并不是每个脾虚者都适合的，如阴虚内热者是忌服的，我们在使用时应严格遵医嘱。

4

消积化滞要找焦三仙

有人生病了会期盼有神仙相助，以解决病痛之苦。而对于食滞病人来说，他们并不需要什么神仙，只要有焦三仙就足够了。

有一年春节，全家人刚刚吃过晚饭，正在家里看电视。这时电话响了，一看电话显示的号码，是一位老朋友的。拿起电话还没等我说话，就听见朋友在那边开始叫上了："哎哟、哎哟，李教授你快来一下吧，我这肚子胀得不行了，太难受了。"我一听这情况，估计是挺难受，于是急忙下楼，驱车直奔他家。

朋友早在门外揣着肚子迎候了，进门一看，满桌子饭菜还没有撤呢。"我说你这是怎么了？""唉，夫人不是回家过年去了吗？自己一个人准备了点好吃的，不想过个好年吗？谁知道，好像是肉吃多了，现在感觉肚子胀得难受……""唉，我说你是没吃过肉啊，吃这么多。"

像他这种情况是典型的食滞，大量食物（尤其是肉食）短时间内进入胃里，不能及时被人体消化，便会令胃部膨胀，导致食滞和消化不良。

我忙帮他进行穴位治疗，选择了足三里穴、三阴交穴、天枢穴、漏谷穴，后又为其摩腹，症状总算有所缓解。

对于这种食滞患者，我们可以再吃点中药调理一下！我为他推荐了焦三仙。焦三仙是哪三位神仙呢？即焦麦芽、焦山楂、焦神曲。为什么这三味药经常合用呢？这是因为这三味药都有良好的消

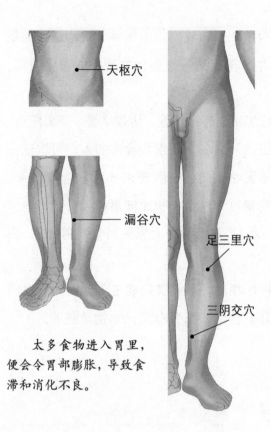

天枢穴

漏谷穴

足三里穴

三阴交穴

太多食物进入胃里，便会令胃部膨胀，导致食滞和消化不良。

积化滞功能，但又有各自不同的特点。

第一仙是焦麦芽：将麦芽放在锅内微炒至黄色，喷洒清水，取出晒干，即成。焦麦芽善于理脾助胃，是消食健胃的要药，常用于治疗淀粉类食物不消化的问题，如各种米面、山芋、毛芋等食物所致的消化不良、脘腹胀满、吞酸嘈杂，以及小儿乳食不化、呕吐溢奶等病症。

第二仙是焦神曲：神曲由青蒿、苍耳、杏仁等药加工后与面粉或者麸皮混合后发酵而成。焦神曲就是将神曲在锅内炒至外表呈焦黑色、内部呈焦黄色，取出，喷洒些清水，放凉，即成。焦神曲有较强的消食健胃作用，有"消导之最"之称，又因本品配方中有青蒿、苍耳等，因此它还具有清热解暑、祛风解表的作用，多用于治疗食积不消、胃部饱胀、食欲不振、大便不实等消化不良伴鼻塞流涕、发热恶寒等外感风寒之证。

第三仙是焦山楂：前面我们提到过，山楂有很好的消食功效，而焦山楂就是将山楂切片晒干，放在锅内用大火炒至外面焦褐色、内部黄褐色，喷洒清水，取出晒干即成。焦山楂善于治疗进食油腻食物过多所致的食滞，对牛、羊、猪等肉类食物所致的腹胀腹痛、食积腹泻效果尤为明显。

以上这三仙都是炒焦后配用，药味芳香，功效卓著，三者配合，相得益彰，故冠之以"焦三仙"之名。经常性食滞的人，可取这三仙各30克，用水煎服，每天吃1剂，一般连用3天就会有效果。此法最适合那些晚餐经常吃得过饱以及一些亚健康患者（常有些腹胀，食欲不振等证）。如果我们把焦三仙与大米一同煮粥常食之，消食效果也不错。

有人生病了会期盼有神仙相助，以解决病痛之苦。而对于食滞病人来说，他们并不需要什么神仙，只要有焦三仙就足够了。

5

生冷食物伤脾胃，可用半夏枳术丸来治

如果你偶尔一两次因贪食生冷之物而伤了脾胃，我们可以找半夏枳术丸来帮助，但是如果你就是一个经常爱贪食生冷的人，那么恐怕是再好的药也要失效了。

每年夏季一到，我的诊室里就多了一些胃肠病患者，这些病人多是因为天热贪凉、为了解暑降温，吃了很多生冷的食物，伤了脾胃，出现了腹痛、腹泻等症状。

可能很多人到现在还不理解，生冷食物都包括哪些？从字面上讲，生冷食物就是包括生的和冷的食物。生的如生瓜果、生吃的蔬菜等，以及生硬的、不容易消化的食物；冷的食物不仅包括冰棍、冰镇饮料以及凉菜、凉饭等，还包括本身属性寒凉的食物，你像我们前面表格里提到的田螺、柿子、香蕉、猕猴桃、西瓜等，都属于寒凉食物。

很多人到了夏天就爱吃西瓜，而且嫌西瓜不够凉，还要放在冰箱里冻一冻。这样的西瓜大量吃下肚去，我们的脾胃岂能受得了。有一年夏天，一位姓李的先生到我这来就诊，他说自己每天感觉口渴的时候，就吃冰镇西瓜，有时候一口气能吃掉半个，后来就感觉胃不舒服，并有腹胀和腹泻。

像李先生这种情况属于生冷食物伤了脾胃，因此我采用了《脾胃论》里提到一个方子——半夏枳术丸为其调治。《脾胃论》里提到了这个方子的做法："半夏（汤洗七次，焙干）、枳实、白术以上各二两。研为极细末，荷叶裹烧饭为丸，如梧桐子大，每服五十丸，添服不妨，无定法。"此药稍增加用量也没有妨碍，服用时也没有固定的方法，因此很方便。在这里，我需要指出的是，古时的 1 斤等于 16 两，所以古时的 1 两相当于现代的 30 克左右。

为什么这个方子有这个功效呢？半夏有利水化湿、理气降逆的功效，善治脾胃湿痰；枳实辛行苦降，善破气除痞、消积导滞；白术有健脾益气、燥湿利水的功效，善治脾虚食少、腹胀泄泻等证。三者结合善治因冷物内伤所致的脾胃病。

最后，我套用这样一句话："医生治得了病但治不了命。"如果你偶尔一两次因贪食生冷之物而伤了脾胃，我们可以找半夏枳术丸来帮忙，但是如果你就是一个经常爱贪食生冷的人，那么恐怕是再好的药也要失效了。

6 鸡内金帮营养失衡的孩子找回健康

鸡内金是补胃的，它有消食健胃的功效，还能涩精止遗。《滇南本草》载，鸡内金可"宽中健脾，消食磨胃。治小儿乳食结滞，肚大筋青，痞积疳积"。

在生活中常听老人们说"吃啥补啥"，比如说"胃痛了吃蒸猪肚"、"心脏病人宜吃猪心"、"贫血了多吃肝"……这些有没有道理呢？有一定道理，这就是中医所说的"以脏补脏"。但是我们要辨证地看，因为中医是最讲究辨证的。如果你本身患有脂肪肝，你再多吃肝类等高胆固醇的食物，无异于火上浇油！

早在唐朝时期，名医孙思邈就创立了"以脏补脏"和"以脏治脏"的理论。比如说，肾主骨，就用羊骨粥来治疗腰膝酸软之肾虚证；肝开窍于目，以羊肝来治疗夜盲；男子阳痿，命门火衰，肾阳不足，可用鹿肾医治。很多古代的医学著作里也都记载了行之有效的以脏补脏法。如《圣济总录》中用羊脊羹来治疗下元虚冷（多为肾阳不足、肾虚寒）；《太平圣惠方》用羊肺藻治疗消渴（糖尿病）；《饮膳正要》用牛肉脯治疗脾胃久冷、不爱吃东西……

那我们今天提的鸡内金和这些有什么联系吗？我们先来看看鸡内金究竟是什么？很多人可能都不知道鸡内金是什么东西。大家都知道鸡肫吧，嚼起来很脆、很好吃，这其实是鸡的胃，它的外面有一层金黄色角质内壁，那其实就是鸡内金。将其剥离后，洗净晒干，便成了中药。

根据"以脏补脏"理论，鸡内金是补胃的，它有消食健胃的功效，还能涩精止遗。《滇南本草》载，鸡内金可"宽中健脾，消食磨胃。治小儿乳食结滞，肚大筋青，痞积疳积"。

有一次，一位家长带着她5岁的孩子来找我看病。她说自己的孩子体质比较弱，从小一直面黄肌瘦，精神也不好，头发还是黄黄的，平时也不爱吃东西，稍微吃多一点还不消化。我为其细细检查后，发现他这是小儿疳积，平时吃东西不注意，伤了脾胃，导致脾胃运化失职，后天生化乏源，营养不足。

像这个孩子这种情况，我们就可对症下药，平时用鸡内金粉（一般中药店都有零售）调理就行。《要药分剂》指出："小儿疳积病，乃肝脾二经受伤，以致积热为患。鸡肫皮能入肝而除肝热，入脾而消脾积，故后世以此治疳病也。"鸡内金比较腥，如果直接给孩子吃，他肯定不愿意吃，这时我们可将鸡内金研成粉末（每次3~5克就行了）放在粥里煮食，也可以将其和面粉混合做成小饼吃。

对于患有疳积的小孩子来说，吃鸡内金可健脾胃，同样对于大人来说，平时吃饭没有节制，过吃生冷的食物、酒肉等，也会伤食。这时不妨吃上两回鸡内金，既能消食积，又能补益脾胃。

我们自己在家也可以制作鸡内金，我们把鸡杀了后取下鸡内金，洗净，晒干。在炒制鸡内金时，最好用土炒。脾是属土的，《本草求真》指出："壁土拌炒，借土气助脾。"因此，鸡内金经土炒后既可矫正气味利于服用，更可增强健脾消食的功效。

当然，单纯的药物调治只是把我们的身体扶上正路，但在这条路上以后能不能走得好还得靠自己——积极改变不良的生活习惯，学会保护自己的身体才是根本。

7

茯苓
——慈禧都偏爱的美食

古人称茯苓为"四时神药"，因为它功效十分广泛，不分四季，将它与各种药物配伍，不管寒、温、风、湿等病症，都能发挥其独特功效。

　　说起茯苓大家可能都不熟悉，但都知道茯苓饼吧，它可是老北京的滋补性传统名点，很多人到了北京一定要带一些正宗的茯苓饼回去给家人尝尝。据说，慈禧晚年特别爱吃茯苓饼，因为它有很好的养生健身之功效。

　　小小的茯苓饼为什么如此神奇呢？这还要归功于其中的茯苓。中医认为，茯苓味甘、淡、性平，具有利水渗湿、益脾和胃、宁心安神的功效。善治脾虚、失眠、心悸、水肿等证，对女性朋友和老年人滋补最好。古人还称茯苓为"四时神药"，因为它功效十分广泛，不分四季，将它与各种药物配伍，不管寒、温、风、湿等病症，都能发挥其独特功效。

　　关于茯苓还有一个美丽的传说：据说，古时候有一个员外家里雇了一个名叫小伏的长工，这个小伙子为人勤快厚道，后被员外的女儿小玲看上了。但是这个员外一心想把小玲嫁给当地的一个富家子弟。小玲不愿意，就私自和小伏从家中逃走了。他们逃到了一个偏僻的小山村，并在这里住下了。小玲本身身体就不好，这样一折腾，她就病了，且卧床不起。小伏在旁边悉心照顾，两人是

向脾胃要健康

210

患难相依。

这天，小伏去山里采药，后发现一只野兔，他用手中的箭射向野兔。那只野兔受伤后逃到一棵松树旁就不见了。小伏到了树下，发现他的那只箭插在一个球形的东西上。小伏拔起箭，发现那个球的表皮裂口处，白似番薯。他想这一定是好吃的东西，于是他把这种东西带回家做熟了给小玲吃。没想到，小玲吃完后的第二天就感觉身体舒服了。于是小伏每天都去山里为小玲采这种东西，后来小玲的病也渐渐好了。因为这是小伏和小玲发现的，后人便把这个东西称之为"茯苓"。

茯苓因传说而变得神奇，《神农本草经》将其列为上品。此后，历代本草专著都沿用《神农本草经》的提法，认为茯苓"久服，安魂养神，不饥延年"。

茯苓的吃法有很多，不仅仅局限于茯苓饼，我向大家推荐几款食疗方：

1 对于慢性胃肠炎、营养不良性水肿、神经衰弱的人来说，平时可用茯苓煮粥食之。做法也很简单，就是用白茯苓粉 15 克，大米 100 克，一同煮粥，吃的时候，再加入点味精、盐、胡椒粉，拌匀就能吃了。每天早、晚分两次食用。有健脾利湿、宁心安神的作用。

2 对于由脾虚湿聚所致的水肿、小便不利、四肢乏力、腰膝酸软者，可用茯苓 60 克、黄芪 30 克，与斩碎的猪脊骨 500 克，一同放入沙锅中煲汤，汤好后加点盐调味即可。有健脾益气、滋肾强腰的作用。

3 对于爱喝酒且又经常感觉心神不宁、爱失眠的人来说，可以选择茯苓酒。取茯苓 60 克放入密闭的容器中，加入 50°的白酒

500 克，密封 10 天左右，就可以饮用了。每天晚上喝上 50 克，有补脾益气、宁心安神的功效。

茯苓虽好，但要对症食用。比如说，本来身体就不好、津亏血少的人不宜食用茯苓；或秋燥季节，口干咽燥，并无脾虚湿困，经常使用茯苓会加重燥象。

8 甘草是药中之国老

李时珍在《本草纲目》中说："诸药中甘草为君，治七十二种乳石毒，解一千二百草木毒，调和众药有功，故有'国老'之号。"

很多生长在农村的人都有过这样的经历：小时候，没事的时候约几个小伙伴一起去山坡上、沟壑旁挖甜草根，然后将其晒干卖掉。刚挖出来的甜草根那种甜甜的味道很多人到如今还记忆犹新，而这甜草根便是我们今天的主角——甘草。

中医认为，甘草味甘，性平；归脾、胃、心、肺经；它本身气和性缓，可升可降。医生在处方中写的甘草，生草指的是生甘草，偏于清热解毒、润肺和中，像我们平时的咽喉肿痛、胃肠道溃疡以及食物中毒啊，都可通过它来调治。而炙草就是生甘草片用蜂蜜拌匀并炒至成的。炙甘草能补三焦之元气，像脾胃功能减退、大便溏薄等都可以通过它来调治。

一般情况下，甘草在临床上并不起主治作用，它的最大作用是辅助其他药物发挥功效。南朝医学家陶弘景将甘草尊称为"国老"，李时珍在《本草纲目》中也说："诸药中甘草为君，治七十二种乳石毒，解一千二百草木毒，调和众药有功，故有'国老'之号。"

"国老"是什么级别的人物？是帝师，帝王的师父，是辅助帝王的。甘草在诸多中药中便有这个作用，看似不起眼儿，但是它能让主药完全发挥它的作用。比如说，它与党参、白术等同用，就组成了我们常用的四君子汤、理中丸等，可治脾胃气虚、倦怠乏力等证；还有前面我们说的，它与白芍、白术、白茯苓同用便成了美白圣药三白汤。

很多人在夏天里受暑湿影响，都会出现一些轻微的腹泻症状，这时可到中药店买"六一散"服用。所谓的"六一散"就是由滑石6份与甘草1份组成。我们可以将其用水煮开后喝下，有利湿止泻之功。当然，你服用前最好找医生为你辨别体质再对症下药，若是严重腹泻应及时就医。

甘草也不是想用多少就用多少，或什么人都能用的。如果经常使用此药，有可能会引起血压升高、水肿、食纳呆滞等症状。因此，"是药三分毒"这个道理我们应该时刻铭记！

第 9 章

着眼脾胃，
从根本上治疗常见病

很多病的病根在于脾胃内伤，因此保养脾胃，固护元气、防止邪气入侵，是防病治病的关键。保养脾胃的原则是脾胃本身患有疾病时应及时治疗，其他脏腑有疾病时也需时时养护脾胃。只有把脾胃养好了，我们的身体才会有力气抵御其他病邪。

1 病从脾胃治
——治病要兼及脾胃

以脾胃为中心对待疾病和养生，治病、养生要兼及脾胃。

《脾胃论》认为："脾胃内伤，百病由生。"脾胃受伤，元气则伤；元气受伤，人就容易生病。一般来说，体质和元气虚弱的人是最容易受到外邪侵袭的。

因此说，人生病了我们首先要考虑考虑是不是脾胃的问题。李东垣在《脾胃论》里最终想阐述的要点就是——以脾胃为中心对待疾病和养生，治病、养生要兼及脾胃。

李东垣生活在一个战乱的年代,当时正值蒙古军围困汴梁城(也就是现在的河南省开封)。几个月后，蒙古军撤退了。汴梁城内的老百姓虽然躲过了战乱，但很多人也因长期被困而生病了。当地很多医生以治疗伤寒的方法对这些人进行救治，但是根本不见什么效果，最后竟有许多人因救治不利而亡。

当时的李东垣看到了这一情况，非常痛心。于是他下定决心，仔细研究。在观察过程中，他发现这些老百姓在被困期间，吃不好穿不暖，再加上当地气候条件很差，被包围期间已是饥寒交迫，很多人的胃气已然受损。蒙古军走了后，这些人因长期饥饿又开始大吃猛喝，再度损害胃气。因此说，脾胃受损才是此次患病的根本原因。治疗伤寒只是治标，根本治不了本。只有从脾胃调治，才会有所成效。

第9章 着眼脾胃，从根本上治疗常见病

215

与古人相比，现代人生活条件虽然越来越好，但是由于平时工作太忙，导致饮食无节制，加上工作压力大，过度劳累，使得脾胃受损。另外，脾胃属土，位于中间位置，与其他四脏有非常密切的关系，不论哪一个脏器受伤，都会累及脾胃。

因此说，现代人很多病的病根还在于脾胃受损，无论是养生还是治病，我们都要兼顾脾胃。

2

人人都应该精神百倍
——亚健康从脾胃调治之法

有人做过统计，大约有90%的白领人士处于亚健康状态。这与他们过度用脑、工作压力大、无规律的饮食、无法保证充分的睡眠有很大的关系。

我们中国的文字一直都是很有意思的，就拿"疾病"这个词来说，现代医学认为疾病就是疾病，是一个对象。但是中医里把"疾病"分为两个阶段：一个是"疾"，另一个是"病"，是具有不同含义的两个对象。

在中医里，"疾"指的是不容易觉察、不容易发现的小病。可能你本身已经感觉到了身体不舒服，且局部出现不健康的颜色等很多细微变化，但是在西医那里通过各种检查仪器却又检查不出来是什

么问题，此时你的状态就是"疾"的状态。

如果你不重视"疾"，不对此采取有效的措施，"疾"就会发展到可见的程度，那就是真实的"病"了。很多人都知道扁鹊见蔡桓公的故事吧，扁鹊第一次见到蔡桓公时，说他有"疾"——"君有疾在腠理，不治将恐深"，蔡桓公没听他的话。扁鹊第二次见到蔡桓公，说他有"病"——"君之病在肌肤，不治将益深"。这时的"疾"已经发展成"病"了，蔡桓公最后也死于病。

这种患"疾"的状态，现代医学管它叫"亚健康"或"第三状态"。前面我们说过，"上工治未病"，中医里的"未病"就相当于现代的亚健康。亚健康的人常有这些症状：浑身感觉没劲儿，特别容易疲劳，头脑不清醒，心烦意乱，注意力不集中，经常感觉头痛、耳鸣，常失眠，不爱吃东西，或吃完了肚子不舒服，胃痛，经常便秘……

有这样一位高级白领，在北京一家外企作高管。她属于典型的工作狂，平时加班熬夜是常事儿，饮食一点儿不规律。仗着自己年轻体力好，平时也没感觉什么问题。可是当过了 35 岁后，她就感觉自己一年不如一年了。平时总是觉得很累，吃什么都没有胃口，脾气也越来越差，经常对下属发火，晚上还常失眠。刚开始她以为自己得了什么病，可是去了几次医院也没检查出什么结果。说没病吧，她又感觉全身都不舒服；说有病吧，又找不到具体的地方。

她这种情况就是典型的亚健康状态。像她这种情况在现代社会有很多很多，尤其是大城市里处于亚健康状态的人特别多。有人做过统计，大约有 90% 的白领人士处于亚健康状态。这与他们过度用脑、工作压力大、无规律的饮食、无法保证充分的睡眠有很大的关系。

亚健康从中医来看有很多种类型，今天我就一些常见类型给大家讲讲如何调养。

◇◇肝郁脾虚型亚健康的调养

在各种亚健康人群中，以肝郁脾虚型亚健康为最常见。

亚健康的人多情绪不好，因为亚健康本身属于心身性疾病，心理因素占主导地位，即亚健康多为情志所伤，我的一些患者中就有很多肝郁脾虚型亚健康病人。

有这样一个女孩子，典型的现代版林黛玉。平时做事小心谨慎，遇事也比较敏感。每次因工作的原因被老板批评了，都会抑郁好几天。而且同事间的关系也处理得不好。跳了几次槽后，感觉还是这样。此后不久，她就感觉自己浑身无力，休息后也没有缓解；有时望着窗外独自黯然神伤，常无缘无故地叹息；经常感觉两胁胀痛、胸闷腹胀，平时也不怎么爱吃东西。多次去医院检查无果。找到我后，我为其诊脉后发现其脉沉细，再看舌，舌边有齿痕，苔白。

像她这种情况就是典型的肝郁脾虚型亚健康。我们说过，情志与肝关系密切，肝脏是主情志的重要脏腑，具有疏达气机、调畅情志的作用。如果一个人经常抑郁，就会影响肝的功能，导致肝气郁结，肝气郁结了就会横逆犯脾，致使脾气虚弱，运化失常，出现上述情况。

她这种情况在调治上应以疏肝健脾为主。我建议她平时多从肝经上的太冲穴向行间穴进行按摩，再加按足三里穴、中脘穴。

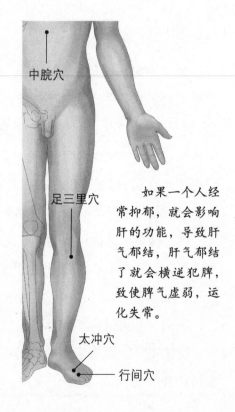

中脘穴

足三里穴

太冲穴

行间穴

如果一个人经常抑郁，就会影响肝的功能，导致肝气郁结，肝气郁结了就会横逆犯脾，致使脾气虚弱，运化失常。

平时还要多吃一些舒肝健脾的食物，并保证心情快乐，这样慢慢就会调理过来了。

◇◇ 心脾两虚型亚健康的调养

心脾两虚型亚健康也是一种常见类型，这种情况多是由心脾气血不足所致。如果我们平时不注意饮食，经常饥一顿，饱一顿的，就会损伤脾胃之气，脾虚则不能运化水谷精微，精血化生无源，就会出现心血不足。反过来说，如果我们平时过度劳累，过度思虑，就会劳伤心脾，耗血伤神。

心脾两虚型亚健康临床上主要表现为心血不足和脾气虚弱两个方面：心血不足，则心失所养，就会出现心烦失眠、记忆力下降、心悸胸闷，晚上容易做梦且容易醒来，有时候还会出现心律不齐的症状。脾气虚弱，运化失职，则会出现脘腹胀满，浑身无力，不爱吃东西，即使吃也吃不多。脾虚不能统血，女性朋友就会出现月经过多、月经淋漓不尽等问题。

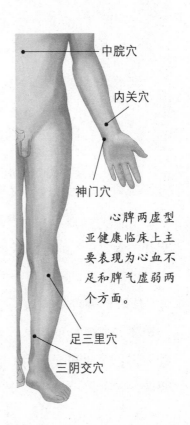

心脾两虚型亚健康临床上主要表现为心血不足和脾气虚弱两个方面。

对于这种情况的亚健康，我们在调治上应以健脾养心为主。选穴上，我们可以取中脘穴、足三里穴、三阴交穴，以及心经上的神门穴和心包经上的内关穴。平时我们可对这几个穴位分别进行按摩，每个穴位按摩 3~5 分钟，没事的时候就按按。

在药物上，我们可用归脾汤、天王补心丹进行调补。

◇◇肾虚精亏型亚健康的调养

亚健康与肾虚也有关系，此型的亚健康多表现为腰膝酸软，浑身无力，情绪低落，伴有腹痛，脾胃消化不好出现恶心、呕吐等问题。男性朋友还会出现性功能障碍，女性朋友则会出现性欲减退、白带异常等症状。

肾和脾是先后天之本的关系，先天之本是需要后天之本来温煦的。从这一点来看，我们就可以通过养脾胃来调治肾虚精亏型亚健康。

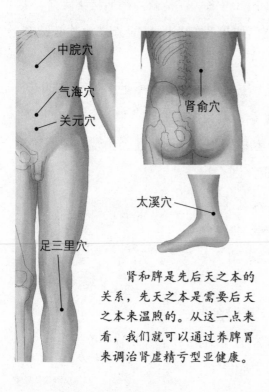

肾和脾是先后天之本的关系，先天之本是需要后天之本来温煦的。从这一点来看，我们就可以通过养脾胃来调治肾虚精亏型亚健康。

肾虚又有肾阴虚和肾阳虚之分，对于肾阴虚者，可多按摩关元穴、太溪穴，并加按足三里穴、中脘穴，以健脾补肾阴；药物上可在医生的指导下吃六味地黄丸。对于肾阳虚者，我们可多按摩或艾灸关元穴、气海穴、肾俞穴以养肾阳，同时加按足三里穴和中脘穴，以健脾补肾阳；药物上可选择金匮肾气丸。

从脾胃调养亚健康，还要避免我们人为因素损伤脾胃，平时一定要养成良好的生活习惯，避免过于嗜好五味食物导致脾胃元气受损；平时还要保持心情愉快，少忧思，多开怀，少抑郁，多快乐。

脾胃差容易与感冒结缘
——感冒从脾胃调治之法

免疫力依赖于人体的原动力——元气，元气充足，人的免疫力就强，就能战胜疾病；如果人体元气不足或虚弱，就不能产生足够的抗体或免疫力去战胜疾病。

身边总有一些朋友经常感冒，后来我发现他们普遍存在一个易感因素就是体质太差。从中医角度来看，有些人体质不好与他们脾胃功能的强弱有很大关系。

一个人体质的好坏是"禀受于先天，充养于后天"的，而脾胃是后天之本，体质雏形一旦构成，内结脏腑经络，外联四肢百骸，只有源源不断地得到后天之本所化生的精微物质的供养和补充，才能逐渐发展为皮坚肉满、血脉和调的健壮体质。明代陈实功在《外科正宗》中指出："盖脾胃盛者，则多食而易饥，其人多肥，气血亦壮；脾胃弱者，则少食而难化，其人多瘦，气血亦衰。所以命赖以活，病赖以安。"因此，我们说，脾胃与体质有十分密切的关系。

体质不好的人，免疫功能自然低下，尽管一个人的免疫功能不完全决定于脾胃功能的强和弱，但是脾胃功能不好，就会表现为免疫功能低下。再加上现代人饮食无规律，工作过度劳累，精神压力过大，本来已使免疫力长期处于低下状态，再染上感冒之后，不能让体质得到真正的恢复与调养，从而会形成恶性循环，出现反复感冒的问题。

一般来说，脾胃虚弱会造成气虚体质，而气虚体质的人比较容易感冒。气虚主要是元气虚弱。免疫力依赖于人体的原动力——元气，元气充足，人的免疫力就强，就能战胜疾病；如果人体元气不足或虚弱，就不能产生足够的抗体或免疫力去战胜疾病。

气虚体质的人常表现为面色苍白，短气乏力，不愿意说话，特别容易感冒，感觉劳累。这些气虚体质的人会经常性的感冒，每次感冒了都要去医院打几次吊瓶，打完针后当时好了，可是过不了多久又感冒了。

可以说，气虚感冒是感冒中比较常见的类型，此类型感冒发病后恶寒重，发热轻，体温一般在38℃以下，骨节酸楚，肌肉疼痛。饮食不节，劳倦伤脾，脾胃气虚都会导致本病的发生。

中医认为，气虚感冒主要在于脾胃不足，卫阳不固，最好的办法是以补脾益胃，升举阳气，兼以疏散外邪。我们可以在医生的指导下使用补中益气丸来治疗此病。

不管是脾气虚所引起的感冒，还是其他什么类型的感冒，我们都可以取风池、列缺、外关、大椎、合谷诸穴进行治疗。

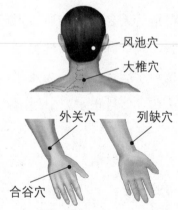

不管是脾气虚所引起的感冒，还是其他什么类型的感冒，我们都可以取风池、列缺、外关、大椎、合谷诸穴进行治疗。

风池穴在项部，枕骨之下。取穴时，用拇指、食指从枕骨粗隆两侧向下推按至枕骨下缘的凹陷处，用力按压有酸麻感，即为此穴。

顺便在这里多说一些，我在临床上也曾单独使用此穴治疗感冒。方法很简单，就是在风池穴上贴蒜片。把新鲜的蒜头去皮，切成 3 毫米的薄片，然后将左右两个风池穴处擦洗干净，涂上凡士林油，把蒜片贴在穴位上，然后用纱布固定好。3 个小时后取下，每天 1 次，一般三五天就能见效。

列缺穴是肺经的络穴，有止咳平喘、通经活络、利水通淋的功效。此穴善于治疗头部、项背部病症，四总穴歌中便有"头项寻列缺"的歌诀。

外关穴是手少阳三焦经上的重要穴位，它在前臂背侧，腕背上 2 寸处。

大椎穴是督脉上一个重要的穴位，又是手三阳经与督脉交会穴，有"诸阳之会"之称。大椎穴在第 7 颈椎棘突下的凹陷处。取穴时，把头低下，在脖颈上能看到一个特别突出的骨头，此处的下部凹陷处就是此穴。

合谷穴是大肠经的原穴，大肠经与肺经相表里，因此大肠经上的穴位可以治肺的病。

这几个穴位是治疗感冒的基本穴位。平时感冒了，我们可以找这几个穴位进行辅助治疗。每天对这几个穴位分别按揉，每个穴位按揉 3~5 分钟，以有酸麻感为宜。

4

高血压并不可怕
——高血压从脾胃调治之法

很多人认为高血压很可怕，需要终身服药，其实高血压的可怕之处在于其并发症。对于高血压本身，我们只要规律用药，正确使用穴位，并做到生活有规律，血压是可以控制的。

当人们感到身体不舒服的时候，到了医院后医生们会先给我们量一量血压。很多人可能从没问过血压究竟是什么呢？量血压有什么用呢？

我们先来看一下生活中常见的现象，流动着的河水会不停地冲击两边的堤岸，这时河水就会对堤岸产生一定的压力。而我们体内的心脏和血管共同构成一个闭合的回路，心脏和血管推动血液在这个回路中不停地流动。当血液在血管中不停地流动时产生一定的速度和压力，这个对于血管壁的侧压力，医学上称之为"血压"。心脏收缩时的血压叫收缩压，心脏舒张时的血压叫舒张压。

通常我们所说的血压都是指动脉血压。当血管扩张时，血压下降；血管收缩时，血压升高。在正常情况下，我们的血压应低于140/90毫米汞柱。在清醒安静状态下3次测量血压，收缩压、舒张压单一或均超过以上值，则说明我们患上了高血压病。

中医里并没有"高血压"这一病名，结合其症状分析应归属中医的"眩晕"、"头痛"范畴。临床上将高血压的发病原因常归于肝肾，然而我们发现有些常见脾胃病导致高血压，经用调理脾胃等方

向脾胃要健康

法治疗，收到了良好的效果。

◇◇ **肝阳上亢型高血压的调养**

　　我们先来看看肝阳上亢型高血压是如何从脾胃入手来进行调养的。肝阳上亢型高血压主要表现为头晕耳鸣，头痛，心悸，失眠多梦，或腰膝酸软，舌质较红，舌苔黄干或薄少，脉弦紧而长。前面我们说过，"治肝者当先实脾"，治疗肝病当先使脾气充实，因为肝气过盛会克制脾土，导致脾出问题。因此，对此型高血压我们应以清肝泻火、健脾益气为主。

　　要清肝泻火，我们可取百会穴、太冲穴、风池穴、肝俞穴、肾俞穴、行间穴、侠溪穴；健脾益气我们可以取足三里穴、三阴交穴、中脘穴。

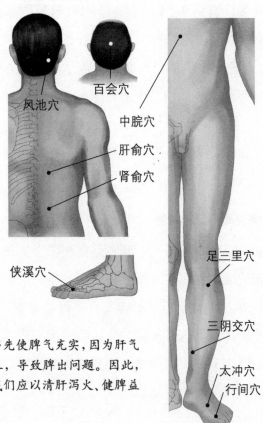

　　治疗肝病当先使脾气充实，因为肝气过盛会克制脾土，导致脾出问题。因此，对此型高血压我们应以清肝泻火、健脾益气为主。

百会穴属于督脉，与手足三阳经、足厥阴经相交，古人称之为三阳五会之所。头是诸阳之会，刺激百会穴可以醒神开窍，可减轻高血压带来的头昏、头痛等症。百会穴位于头顶部正中线上，前发际正中直上5寸。

太冲穴作为肝经原穴，它能够调动肝经元气，疏肝理气，平降肝阳。

风池穴是足少阳胆经要穴。"风池"有"蓄风的池子"之意，凡是跟风有关的病症（高血压与风邪有关），都可以用它来治疗。

肝俞穴属于膀胱经，是肝的背部俞穴，有疏肝利胆、降火退热的功效。肝俞穴在背部，当第9胸椎棘突下，左右二指宽处。

侠溪穴也是足少阳胆经上的要穴，主治头痛、目眩等问题。它位于足背外侧，当第4、第5趾间，趾蹼缘后方赤白肉际处。

三阴交穴是足厥阴肝经、足太阴脾经、足少阴肾经风云际会的重要穴位，而这三条经都与高血压有着非常密切的关系，肝主藏血，脾主统血，而肾藏精，精又生血。因此，治疗高血压选此穴一点儿错都没有。

以上穴位我们平时多进行按摩，用手指或按摩棒、笔帽等分别对每个穴位进行按压3~5分钟，天天坚持。

◇◇痰湿阻滞型高血压的调养

在高血压的发病机制里，肝气盛夹肝阳上亢已得到公认，而脾的运化失调造成的痰湿阻滞则常被忽视。

我们知道，肝火过旺克制脾土，脾胃被克制后，饮食的消化、运输就会发生障碍，造成水湿内生。临床上则表现为头晕目眩，胀重疼痛，心悸胸闷，失眠多梦，不爱吃东西，呕恶痰涎，或见脚部出现浮肿，舌胖大，苔白腻。

水湿夹热，时间长了就会生痰；肝木克脾土太过，久了就会导致气滞血淤。痰湿热积滞于血管就会使血管变硬，肝气太旺夹肝阳上亢则交感神经紧张度高而使血管挛缩，两者互相作用共同引起了血压的持续升高。

我们在选穴调养时，应以中脘穴、内关穴、丰隆穴、解溪穴为主。

中脘穴是胃的募穴，一般的胃病它都能治；内关穴主治胃、心、胸的病；丰隆穴是专门化痰的；解溪穴是胃经要穴，有舒筋活络、清胃化痰、镇惊安神的功效。

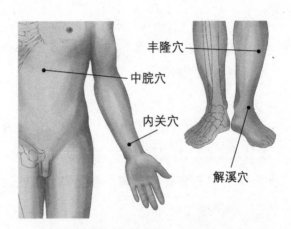

在高血压的发病机制里，肝气盛夹肝阳上亢已得到公认，而脾的运化失调造成的痰湿阻滞则常被忽视。

它位于小腿与足背交界处的横纹中央凹陷处。取穴时，先用大拇指按这个交接处，然后抬一下脚尖，马上就会有一条硬筋把手给弹开了，硬筋旁边的窝即是此穴。

以上几个穴位平时多进行按摩或艾灸，每个穴位按摩 3~5 分钟，或艾灸 15~30 分钟，天天坚持才会有效果。

很多人认为高血压很可怕，需要终身服药，其实高血压的可怕之处在于其并发症。对于高血压本身，我们只要规律用药，正确治疗，并做到生活有规律，血压是可以控制的。

5

脾胃失调惹"脂"上身
——高脂血症从脾胃调治之法

高脂血症是导致心脑血管疾病的元凶，非常危险，有人称之为"无声的杀手"，这是因为它发病时不易被察觉，人们稍不注意就会惹"脂"上身。

我们平时所说的"血脂"是血液中各种未与脂蛋白结合的脂类（如甘油三酯、胆固醇等）和各种脂蛋白的总称。其中，对人体有较大影响的主要有甘油三酯、胆固醇、低密度脂蛋白胆固醇、高密度脂蛋白胆固醇。

那什么是高脂血症呢？它是由各种原因导致的血浆中的胆固醇、甘油三酯以及低密度脂蛋白水平升高和高密度脂蛋白过低的一种的全身质代谢异常的一种病，它也叫"高脂蛋白血症"。高脂血症是导致心脑血管疾病的元凶，非常危险，有人称之为"无声的杀手"，这是因为它发病时不易被察觉，人们稍不注意就会惹"脂"上身。

高脂血症在中医里同样也没有此病名，从中医"补土派"的观点看，脾胃失调是高脂血症的主要原因。这包括两个原因：一是现代人经常吃一些肥甘厚腻的食物，二是现代人生活节奏较快，思虑过度，伤及脾胃，两者使脾失健运，转化为痰浊。我周围也有很多高脂血症的朋友，他们多是因为平时饮食不节，情志不舒所致。我为他们进行过针灸治疗，但是这些人由于种种原因，还是不能

向脾胃要健康

228

很好地控制自己的饮食和情志，所以病情也是时好时坏。二是中年以后肾气渐衰，肾之阴阳虚弱，相火妄动，致使肝阳上亢，肝木太旺克制脾土，使脾胃的运化功能失调，湿热郁结，内生痰浊。因此，高脂血症是中老年人的常见病之一。

不管是以上哪种原因，高脂血症的直接原因都是脾胃失调，致使内生痰浊。这种情况多见于肥胖者，平时经常感觉头晕、胀痛，胸脘痞闷，严重的还会呕恶痰涎，浑身沉重、没劲儿。我们在进行经络调养时，应以健脾化痰为主，可选中脘穴、脾俞穴、内关穴、丰隆穴、足三里穴。

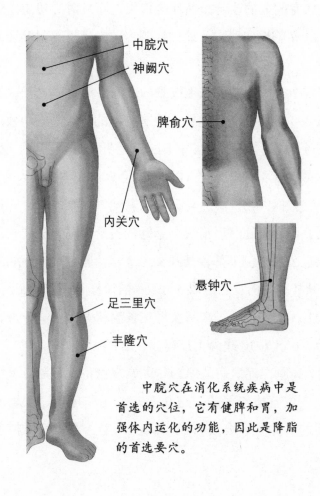

中脘穴在消化系统疾病中是首选的穴位，它有健脾和胃，加强体内运化的功能，因此是降脂的首选要穴。

中脘穴是治疗消化系统疾病的重要穴位，它有健脾和胃，加强体内运化的功能，因此是降脂的首选要穴。

脾俞穴是足太阳膀胱经穴，是脾的背俞穴，有健脾和胃、利湿升清的功效。它位于背部，当第11胸椎棘突下，旁开1.5寸。

丰隆穴可健脾和胃、利湿化痰、升清降浊，以促进新陈代谢，降低血中的脂含量。我们在临床观察通过针刺丰隆穴有明显的降脂作用，尤其是降甘油三酯的作用更强一些。

足三里穴能统治脾胃的一切疾病，能疏通经络、调和气血、强壮脾胃。

内关穴有明显的改善微循环的作用，而且对心功能作用有明显的效应。我在临床实践中，通过针刺内关穴后复查，发现血脂大都趋于正常。

对这几个穴，我们可以用按摩的方法来对身体进行保健，每天每穴按摩3~5分钟，天天坚持，会有一定的化痰降脂功效。

我们还可以对足三里穴、神阙穴、悬钟穴进行艾灸，以化痰浊。

悬钟穴是胆经要穴，是身体的髓之会穴。人体有8大会穴，即由脏、腑、气、血、筋、脉、骨、髓八者精气会聚的8个穴位。悬钟穴是髓之会，骨髓在这里汇集。悬钟穴是治疗高脂血症的常用穴之一。此穴在小腿外侧下部，外踝尖上3寸，腓骨前缘。取穴时，正坐屈膝，从外踝尖向直上量取3寸（4横指），腓骨前缘处即是此穴。

对以上3个穴位，每穴每次用艾条温和灸15~30分钟，每天或隔天灸治1次，7~10次为1疗程。

当然，高脂血症发病的原因是非常复杂的，不是简单地一个药方或几个穴位就能治好的。这几个穴位无非是巩固效果的，是起辅助作用的。此外，要改善血脂状况，生活方式的调整也是不可或缺的。

6

脾虚失健是糖尿病发病的根本原因
——糖尿病从脾胃调治之法

糖尿病并不是什么可怕的病，只要我们有信心、有决心、有恒心，糖尿病终将成为我们的手下败将。

生活中我们要是听说某某人得了糖尿病，肯定都是瞪大了眼睛，满脸的吃惊与同情，好像得了癌症似的。其实，根本没有这么夸张。

糖尿病本身是血糖高，糖尿病本身并不可怕，可怕的只是它的并发症而已。但我们若是及时控制住了糖尿病，不给并发症发作的机会，那什么问题都没有了。

我看过这样一则信息：就是说有个人被诊为糖尿病，他因此非常害怕，整天茶不思饭不想，就想自己死了怎么办；后来这个人真的死了，怎么死的？因为耽误了治疗，再加上情绪极度抑郁，后来真的发生了并发症，人就这样完了。在我看来，这个人是被自己吓死的。如果他能正视这个病情，摆正心态，也不会有这个结果了。

糖尿病在中医里属于"消渴"范畴，我们古人对此病早有论述，《素问·奇病论》载："帝曰：有病口甘者，病名为何？何以得之？岐伯曰：此五气之溢也，名曰脾瘅。夫五味入口，藏于胃，脾为之行其精气，津液在脾，故令人口甘也，此肥美之所发也，此人必数食甘美而多肥也，肥者令人内热，甘者令人中满，故其气上溢，转为消渴。"

这是黄帝与岐伯的一段对话，意思是，黄帝问岐伯：有的病人口中发甜，这是什么病？是怎么得的？岐伯回答道：这是由于食物的精气向上泛溢，病名叫"脾瘅"。正常情况下，饮食到了胃以后，经过初步的消化，再由脾运化至全身。如果脾有热，失去正常的运化功能，则津液停留，向上泛溢，所以使人产生口中发甜的症状。这是因为饮食过于肥美所诱发的疾病。得了这种病的人平时大都喜欢吃肥甘厚味的食物，而厚味使人生内热，甘味使人胸腹满闷。因此食气上溢出现口甜，时间长了就转成消渴了。

在这里，"脾瘅"类似于我们现代医学所说的糖尿病前期，即胰岛素抵抗引起的空腹血糖受损、糖耐量受损，如果防治不及时，就会发展成消渴，即临床期糖尿病。

◇◇"三多一少"的典型症状

中医认为，消渴有上、中、下三消之分。上消属肺，主要表现为口渴多饮；中消属胃，表现为多食善饥；下消属肾，以多尿为主。因此，糖尿病便具有了"三多一少"的典型症状。

1 多饮

早期的上消，主要表现为口渴，平时多喝水才会感觉舒服一点，这是肺热津伤所致。

我曾接待过这样一位病人，他的餐前血糖高达 18.7，平时他的饭量倒还正常，就是爱喝水。他说自己感觉口渴，每天最少要喝两暖壶的水，晚上排尿也比较多，整天感觉全身无力。像这位病友一样，很多糖尿病病人也会出现口渴多饮的症状。

对于这种情况，我常用针灸肺俞、合谷、鱼际、三阴交等穴来进行调节。

肺俞穴虽属于膀胱经，但它是肺的背俞穴，是肺气聚集的地方，对于调节肺脏有很好的功效。找肺俞穴时，先低头，脖子后面正中有一个骨性的突起，此处是第7颈椎的棘突，往下数3个这样的突起是第3胸椎棘突，再往两边1.5寸处就是此穴。

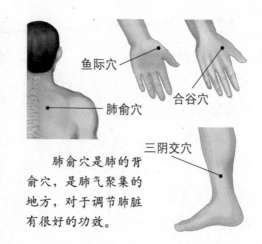

肺俞穴是肺的背俞穴，是肺气聚集的地方，对于调节肺脏有很好的功效。

合谷穴是大肠经的原穴，大肠经与肺经相表里。

鱼际穴是肺经要穴，它在手大拇指第1掌指关节后凹陷处，大约相当于第1掌骨中点桡骨的赤白肉际处。

平时多对这几个穴位进行按摩，对血糖有很好的调节效果。

2 多食

一旦肺燥热，它的输布津液的功能受损，便会引起胃燥津伤，脾阴虚耗，中焦脾胃的运化就会受到抑制，就会产生中消症状。

消谷善饥是中消典型的症状。什么是消谷善饥呢？它是由中焦热盛所致的胃内食物消化快的症状，也就是说你不停地吃，但老觉着饿。为什么这样呢？就是因为燥热伤胃、胃火炽盛所致。《灵枢·大惑论》载："胃热则消谷，谷消故善饥。"

此时的最好的办法就是给身体减负，调理身体，修复疲惫不堪的脾胃。这时你的主食不能吃得过少（主食应当根据个人的工作性质、劳动强度和体重等具体情况而定）；平时要少食多餐，可将每天饮食总量分配到4~5餐中；也不要因为怕油腻而单纯吃素，要做到荤素搭配。

平时我们也可以通过按摩穴位的方法进行辅助治疗。其中，脾俞、胃俞、中脘、足三里等穴都能很好地调节脾胃功能。

脾俞穴是脾的背俞穴，胃俞穴是胃的背俞穴，它们

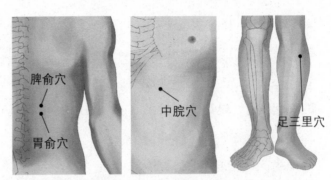

脾俞穴是脾的背俞穴，胃俞穴是胃的背俞穴，它们的主要作用是调节各自对应的脾和胃的功能。

的主要作用是调节各自对应的脾和胃的功能。脾俞穴在背部，当第 11 胸椎棘突下，旁开 1.5 寸。胃俞穴在背下部，于第 12 胸椎棘突下，自正中线向左右两侧用食指、中指并拢量取 2 横指处即是此穴。

3 多尿

肾功能不好导致的糖尿病的一个明显特征是多尿，我们可以通过多按摩肾俞穴、太溪穴、三阴交穴来调节肾的功能。

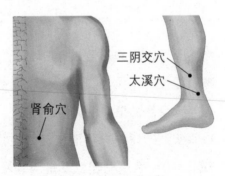

我们可以通过多按摩肾俞穴、太溪穴、三阴交穴来调节肾的功能。

4 体重减少

由于胃的无序工作，盲目地快速消化食物，必然增加脾化血的工作量，导致脾热。胃热、脾热使人体代谢加快，导致人体消瘦、乏力。

◇◇ 脾虚失健是糖尿病发病的根本，调理脾胃才是治病之本

中医认为，脾为后天之本，气血生化之源，人赖以生存之本。

如果脾之气阴不足，则脾气不升反降，气虚下陷，运化失权，水谷精微无以化生，则上不能奉心肺则燥热，下不能滋肝肾则阴虚。阴虚燥热又可伤及脾阴而不能化生津液，成为消渴。李东垣也指出："脾气不足，则津液不能升，故口渴欲饮。"

可以说，糖尿病的根本病机是阴虚燥热，而阴虚燥热是由于脾气虚弱不能像平常一样运化水谷精微，失去"游溢"与"散精"的作用，使食入的水谷郁而化热，又不能为胃行其津液而使胃阴不足，从而导致阴虚燥热。所以，糖尿病患者有一个典型的病症表现就是渴饮多尿。

综上所述，我们说糖尿病的发病之本在于脾虚。因此，我们要养好糖尿病贵在调理好脾胃。在经络方面，我们可以多按摩上面所提到的几个穴位。使用时，你可以看自己"三消"症状哪个更严重。

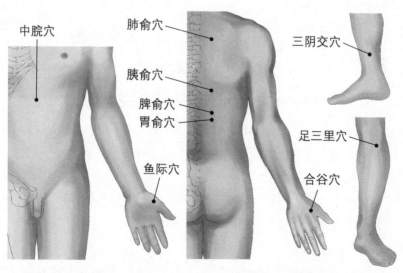

经常口渴多饮的，可以多按摩肺俞、合谷、鱼际、三阴交等穴；经常感觉饿的，要多照顾脾俞、胃俞、中脘、足三里等穴。

比如说，经常口渴多饮的，就可以多按摩肺俞、合谷、鱼际、三阴交等穴；经常感觉饿的，就要多照顾脾俞、胃俞、中脘、足三里等穴；经常多尿的，可按摩肾俞、太溪、三阴交等穴。

此外，治糖尿病还有一个非常好的穴位，叫胰俞。它在第8胸椎的棘突下旁开1.5寸，在背部的膀胱经循行线上。根据近部取穴原则，它对控制糖尿病病情很管用。

在饮食上，糖尿病人由于是脾肾俱虚，平时还要多吃补益脾肾的食物，像荞麦、玉米面、燕麦片、大豆及豆制品和新鲜的绿叶蔬菜等；还要远离生冷、甜腻之品。

总的来说，糖尿病并不是什么可怕的病，只要我们有信心、有决心、有恒心，糖尿病终将成为我们的手下败将。

⑦

胃不和则卧不安
——失眠从脾胃调治之法

"**胃**安则眠宁"，只要我们将脾胃调理好了，使脾胃的运化如常，那么想获得优质的睡眠就真的不是梦了。

失眠几乎是现代人最常遇到的问题，每个人都或多或少的有点失眠问题。正常情况下，因精神紧张、工作压力大、环境不适而出现的偶尔失眠并不算是失眠的病理范畴。只有经常性的睡不着，才能称之为失眠症。在中医学里，失眠属于"不寐"的范畴。

◇◇ **脾胃不和导致的失眠的调养**

失眠的原因有很多，在现实生活中，很多人尤其是白领一族容易出现失眠症状，多是因为不良饮食习惯导致脾胃不和造成的。俗话说得好，"胃不和则卧不安"，一个人的脾胃不和，晚上怎么能睡好觉呢？

我有一位白领朋友，按理说他平时工作压力不是很大，天生是一个乐观派。但是他有一个特点就是饮食上无规律，平时不爱吃早餐，喜欢吃寒凉的食物，经常参加各种宴会活动，难免会暴饮暴食。没多久，他开始失眠了。他说自己这几天几乎每天晚上都会觉得排泄道不畅、肚子总是胀胀的，有时候还感觉胸闷、心跳加快，这样他就整晚整晚的睡不着，白天没精神，工作没效率。像他这种情况就是因为长期的不良饮食习惯导致脾胃失和而引起的失眠。

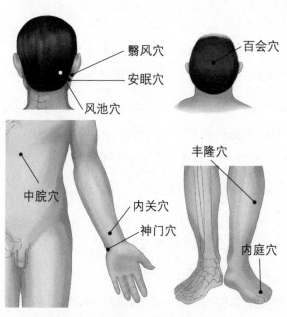

神门穴为手少阴心经的原穴，心主神明，心藏神，因此神门穴通治各种神志疾病。

脾胃不和为什么会引起失眠呢？脾胃不和，脾的运化功能失调，水湿滞留在体内，体内便湿气旺盛，湿盛而化痰，痰热上扰心神，人便会失眠。脾胃不和的人，往往会出现胸闷、腹胀、口苦、痰多等问题。

对于由脾胃不和

引起的失眠，我们可以选神门穴、内关穴、百会穴、安眠穴，以养心神，再加上中脘穴、丰隆穴、内庭穴，以养脾胃。

神门穴为手少阴心经的原穴，心主神明，心藏神，因此神门穴通治各种神志疾病。神门穴在手腕部，手腕掌侧横纹的尺侧一端，尺侧的腕屈肌腱的桡侧凹陷处。取穴时，可以把手掌朝上，手掌小鱼际上角有一个突起的圆骨，从圆骨的后缘向上用手按，能按到一条大筋，这条在筋的外侧缘与掌后横纹的交点即是此穴。

安眠穴是经外奇穴，是治疗失眠的经验要穴。它在项部，翳风穴和风池穴之间。取穴时，先找到耳垂后下方的凹陷处的翳风穴，再找到项部大筋外侧缘的风池穴，用手在两点之间画一条线，线的中点处即是此穴。

对这几个穴位，我们可以采取按摩的方法，每天坚持按摩各穴位 3~5 分钟，或对每个穴位进行温和灸 10~20 分钟。

◇◇ 心脾两虚型失眠的调养

中医认为失眠"病位在心"，是心出了问题。别看是心出了问题，但也与脾有关。心与脾是母子关系，心火生脾土，而且心的功能活动也依赖于气血的濡养，而脾是气血生化的源头，脾虚则化源不足，心失所养，就会出现失眠的问题。《景岳全书·不寐》中说："无邪而不寐者，必营血之不足，营主血，血虚则无以养心，心虚则神不守舍。"这种失眠属于心脾两虚型的，往往会有多梦易醒，且伴有神疲乏力、头晕目眩等证。

对于由心脾两虚造成的失眠，我们可以选神门穴、内关穴、百会穴、安眠穴，再加上心俞穴、脾俞穴、三阴交穴。

心俞穴属于足太阳膀胱经上的经穴，是心的背俞穴，像心痛、惊悸、失眠、健忘等证，都可以通过它来治。心俞穴位于第 5 胸椎棘

突下，旁开 1.5 寸。取穴时，正坐或俯卧，在背部当第 5 胸椎棘突下，左右旁开 2 指宽处。

每天坚持按摩以上各穴位 3~5 分钟，或对每个穴位进行温和灸 10~20 分钟。长期坚持，对改善睡眠状况很有效。

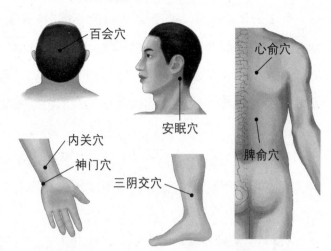

"胃安则眠宁"，只要我们将脾胃调理好了，使脾胃的运化如常，那么想获得优质的睡眠就真的不是梦了。

正所谓"胃安则眠宁"，只要我们将脾胃调理好了，使脾胃的运化如常，那么想获得优质的睡眠就真的不是梦了。

8

肌无力多是脾虚惹的祸
——重症肌无力从脾胃调治之法

重症肌无力主要是因为脾胃虚损所致。脾主肌肉，脾有了问题，肌肉自然会出问题。

什么是重症肌无力？很多人可能不明白，其实这种病比较常见。它主要表现为肌肉无力，日重暮轻，活动后加重，休息后减轻。本病一般多发于儿童及青少年，女性朋友要比男性多，但是到了晚年后发病者又以男性居多。此病多侵犯眼肌、咀嚼肌、咽喉肌、面肌与四肢肌肉等。

重症肌无力在中医里属于"痿症"范畴，"痿"即痿软无力。本病主要是因为脾胃虚损所致。脾是主肌肉，脾有了问题，肌肉自然会出问题。

《灵枢·本神》载："脾气虚则四肢不用。"《难经·十六难》也说："怠惰嗜卧，四肢不收，有是者脾也，无是者非也。"因此，我们认为本病的发生主要是由于脾胃虚弱所致。脾为后天之本，气血生化之源，主运化水谷，统血、主肌肉、四肢。脾胃虚损，运化无能、气血生化之源不足，肌肉失养而成为痿症。

很多人以为脾胃有问题多是小问题，事实上重症肌无力属于顽固的慢性病，病情缠绵，经常反复。

我遇到过这样一位小患者，得病那年15岁。这个孩子的父母平时上班都很忙，也没有时间照顾孩子，所以很多事情都是孩子自己来做。这个孩子也非常懂事，一般简单的家务活都能自己做，从不用父母操心。有一天，这个孩子突然觉得自己的右眼皮好像总往下垂，没劲儿。当时孩子的父母也没注意，小孩子也没说。过了一段时间后，这个孩子感觉自己的两侧上眼皮都抬不起来了，眼球转动也不灵活了。上午好一点，到了晚上就感觉难受。后来，父母发现孩子最近不爱吃东西了，而且孩子吃点东西还感觉肚子胀。父母感觉问题很严重。于是，他们急忙找到了我来诊治。

听了孩子的自述和家长的介绍后，我又为孩子进行细致的检查，发现其舌质淡，苔薄白，脉弱无力，最后诊断为眼肌型的重症肌无力。他这种情况多是由脾气虚弱所致，所以治疗上应以健脾益气、活血通络为主。我取脾俞穴、中脘穴、血海穴、三阴交穴、足三里穴，并配攒竹穴、鱼腰穴、太阳穴、四白穴，为其进行针灸治疗。

经过几个疗程后，病情总算控制住了。

攒竹穴
鱼腰穴
太阳穴
四白穴
中脘穴
血海穴
脾俞穴
足三里穴
三阴交穴

重症肌无力主要是因为脾胃虚损所致。脾是主肌肉，脾有了问题，肌肉自然会出问题。

脾俞穴是脾经经气输注的地方，刺激此穴可以健脾益气；胃的募穴中脘与胃经的合穴足三里施以针刺或艾灸，可使脾阳得健，运化有权；刺激三阴交穴可健脾助运；血海穴有补气活血的作用。

脾俞穴、中脘穴、血海穴、三阴交穴、足三里穴、四白穴、攒竹穴，这几个穴位我们前面介绍过了，那么鱼腰穴、太阳穴在哪儿呢？

鱼腰穴是经外奇穴，具有疏风通络的作用。它在额部，瞳孔直上，眉毛中。取穴时，正坐或仰卧，在瞳孔直上，眉毛中。

太阳穴也是经外奇穴，它在耳廓前面，前额两侧。取穴时，我们可在眉梢与外眼角之间连一条直线，从直线的中点外往后外方取1横拇指处即是此穴。

重症肌无力恢复期者，可对这几个穴位进行按摩，每次每穴位按摩3~5分钟；或对这几个穴位进行艾灸也可以，每次每穴灸10~20分钟。

重症肌无力虽与脾虚有关，但是由于五脏是息息相关的，脾胃虚损会进一步累及他脏。因此，在实际治疗过程中，我们一定要辨证施治。

补脾以治咳嗽
——咳嗽从脾胃调治之法

《**素**问·经脉别论》中说："饮入于胃，游溢精气，上输于脾，脾气散精，上归于肺，通调水道，下输膀胱。"各种原因导致脾胃的运化功能失常，不能运化水湿，生为痰浊，痰浊上乘，蕴贮于肺，出现咳嗽。

咳嗽是现代人非常常见的一种症状。中医里讲，有声无痰为咳，有痰无声为嗽，因为发病时往往既有声音，又有痰液，所以合称为咳嗽。

一说到咳嗽，很多人可能会想到它与肺有关。肺是一方面，因为肺主皮毛，外邪侵入人体，首先通过皮肤、毛发侵犯肺部，使肺功能失调，从而引发外感咳嗽。但咳嗽还有内伤的原因，内伤咳嗽的发生与其他脏腑是息息相关的。

咳嗽本身既是具有独立性的一个病症，又是肺系多种疾病的一个症状，且其他脏腑功能失调时，常会使内邪伤于肺，出现内伤咳嗽，因此《素问·咳论》中说："五脏六腑皆令人咳，非独肺也。"

◇◇ 脾胃与肺息息相关

那么，咳嗽与脾胃又有一个什么样的关系呢？

从经络及五行来说，肺与脾有母子关系。肺属金，脾属土，脾土能生肺金，因此说脾是肺的母亲，肺是脾的儿子。当脾胃出问题时，脾土不能生养肺金，就会导致肺气不足，皮毛不固，容易感受外邪而引发感冒、咳嗽等。

从气血方面来看，肺是主呼吸之气，又主一身之气，而脾胃是气血生化的源泉。肺主一身之气是以脾胃为气血生化之源为前提的。

从气机升降来看，我们知道脾胃升降是脏腑气机升降的枢纽。如果一个人经常咳嗽，肺气就会上逆，这样就会影响脾胃的升降功能。而脾胃升降功能失常，脾胃失调，一方面会使肺的气机更加紊乱，另一方面脾土不能生肺金，就会使得肺的宣发肃降失常。这时咳嗽越来越不容易好，就会形成一种恶性循环。因此，我们想要调理好肺气，一定要先调理好脾胃中焦之气。

中医认为，在"五脏六腑皆令人咳"的病理过程中，痰占十分重要的地位。痰是脏腑功能失调，津液输布障碍，或邪热伤津，炼液而成的。脾虚易生痰。脾是主运化的，《素问·经脉别论》中说："饮入于胃，游溢精气，上输于脾，脾气散精，上归于肺，通调水道，下输膀胱。"各种原因导致脾胃的运化功能失常，不能运化水湿，生为痰浊，痰浊上乘，蕴贮于肺，出现咳嗽。

◇◇脾虚易生痰，补脾以治咳嗽

脾虚容易生痰，所以我们通过补脾来治疗咳嗽。

有这样一位患者，有一年冬天里发生了咳嗽。治了几次，虽有效果，但咳嗽还是反复发作，咳声低沉而粗重，痰也比较多。而且当痰咳嗽出来之后，就不咳嗽了。吐出的痰多黏腻或稠厚成块，颜色发白。如果在每天早晨吃完饭后或吃得有点多的时候，痰就会变得更多。平时吃了太多的油腻食物也会加重病情，有时还会感觉胸闷脘痞，恶心想吐，不爱吃东西，身体也没有劲儿，大便溏薄。我发现其舌苔白腻，脉濡滑。我判断这是痰湿蕴肺所致的咳嗽。

像他这种情况多由于平时贪食生冷或肥甘厚腻的食物，使得脾胃受损所致。脾胃本身是运化水湿的，脾胃功能失调就会使水湿停

第9章　着眼脾胃，从根本上治疗常见病

243

聚,内生为痰,上渍于肺,阻塞气道,影响气机出入,因此出现咳嗽反复发作的症状。为什么早晨痰多呢?这主要是因为夜间的痰常留至早晨起床时排出。为什么吃了甘甜油腻的食物也会使得痰多呢?这是因为甘甜油腻的食物本身就不易消化,而脾胃不能很好地进行消化,就会聚湿生痰,越聚越多,使得病情加重。

对于由痰湿蕴肺所致的咳嗽,我们在临床上以健脾化湿、调补肺气为主。按摩选穴主要以太渊穴、肺俞穴、脾俞穴、太白穴、丰隆穴、合谷穴为主。

太渊穴是肺经原穴,能大补肺气,它是肺经中原气聚集最多的地方。此处就相当于肺经的源头,肺气由这里源源不断地运往全身各处。刺激此穴就相当于深挖井一样,把肺气源源不断地挖出来,并输送到全身。

太渊穴配肺的背俞穴肺俞和脾的

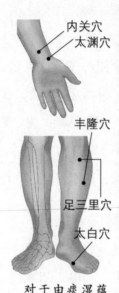
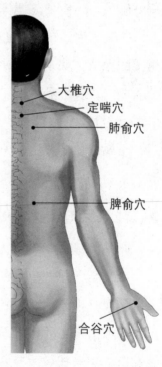

对于由痰湿蕴肺所致的咳嗽,我们在临床上以健脾化湿、调补肺气为主。

背俞穴脾俞,可以健脾化湿、补益肺气。再加上胃经上的丰隆穴和大肠经的原穴合谷穴,可以调和胃气,使气行津布,以化痰补肺。如果是咳嗽兼有喘的人可加定喘穴。定喘穴是经外奇穴,有止咳平喘、通宣理肺的作用。取穴时,正坐低头或俯卧,此穴就在后正中线上,第7颈椎棘突下定大椎穴,定喘穴就在旁开0.5寸的地方。如果有胸脘痞闷的症状，可加足三里穴和内关穴。

以上穴位我们平时可以多进行按摩或艾灸，每个穴位按摩 3~5 分钟，或艾灸 10~20 分钟。

除了多刺激穴位外，咳嗽病人平时还应适当锻炼身体，增强体内正气，注意保暖；饮食上要少吃辛辣厚味的食物，一定要戒掉烟酒。工作上，要少劳累，多注意休息；情志上，要远烦恼，少生气。

10

痰为哮喘的"宿根"
——哮喘从脾胃调治之法

哮喘缓解期，应注意固本，以培补身体的元气，防止疾病复发，这时应侧重健脾，助其运化能力，以消除痰浊内生的根源。

就如同咳嗽一样，哮和喘虽然连在一起说，但也是两个不同的概念。

哮是一种发作性的痰鸣声喘疾患，以呼吸急促、喉间有哮鸣音为主症；人之所以会发出哮鸣，是由于呼气受到了阻碍、挤压，进而产生了高频的尖锐的声音。喘是指吸气节奏加快，就像是我们跑完步后呼呼带喘那种感觉。《说文》中的解释是："喘，疾息也。"哮和喘同时发作，合称为哮喘。

第 9 章 着眼脾胃，从根本上治疗常见病

245

◇◇哮喘的"宿根"是痰

中医认为，哮喘有"宿根"，这个"宿根"就是痰。朱丹溪认为，哮喘专主于痰。哮喘的病因以痰为主，为宿痰内伏于肺，遇到外感因素就会被诱发。

产生痰的原因有很多，像平时我们饮食不注意节制，贪食厚味肥甘，酗酒，损伤脾胃，脾虚运化水谷精微的功能失职，则水湿内生，湿聚成痰；经常吸烟的人也会生痰。痰伏于内，胶结不去，于是这就成了哮喘的宿根。《医宗必读》载："脾土虚弱，清者难升，浊者难降，留中滞隔，凝聚为痰。"《医方集解》也认为："痰之生由于脾气不足，不能致精于肺，而痰以成者也。"

脾和肺是母子关系，脾为母，肺为子，脾胃虚弱，土不能生金，会累及肺气不足。肺主皮毛，外邪侵袭身体首先会侵犯皮肤和毛发，肺虚卫外不固，正气虚弱，就容易感受外邪，外邪与痰气相搏，自然会诱发哮喘。

中医认为，哮喘缓解期，应注意固本，以培补身体的元气，防止疾病复发，这时应侧重健脾，助其运化能力，以消除痰浊内生的根源。

在哮喘的缓解期，我们可以选尺泽穴、内关穴、足三里穴、丰隆穴进行保养。

尺泽穴是肺经的合穴，合治内腑。尺泽穴在肘横纹上。取穴时，把手掌朝上，肘部微微弯曲，先在肘弯里摸到一条大筋，该条大筋的桡侧缘肘横纹的交点即是此穴。

内关穴有宽胸理气、宣肺平

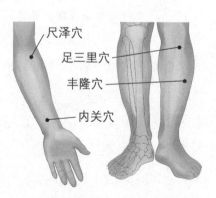

脾和肺是母子关系，脾为母，肺为子，脾胃虚弱，土不能生金，会累及肺气不足。

喘、降逆止呕的作用；足三里穴是补脾胃的要穴；丰隆穴是专门化痰的，与痰有关的病都可以找它来治。

哮喘病人在缓解期可多按摩或艾灸以上穴位，每穴位每次可按摩 3~5 分钟，艾灸可进行 10~20 分钟。

◇◇ 哮喘病的穴位贴敷法

哮喘病人还可以使用穴位贴敷的方法进行调养。在临床上，我常在三伏天用穴位贴敷来治疗哮喘，这就是中医里常说的"冬病夏治"。

三伏天出现在小暑与大暑之间，按照时令夏至后的第 3 个庚日即为三伏的第一天（头伏），这个时候阳气达到顶峰，是一年中最炎热、最潮湿的季节。可以这样认为，"伏"就是天气太热了，人们宜伏不宜动。三伏天虽热，但也有个好处，这段时间是治疗哮喘的最佳时机。中医认为春夏宜养阳，在三伏天保养好身体的阳气，使

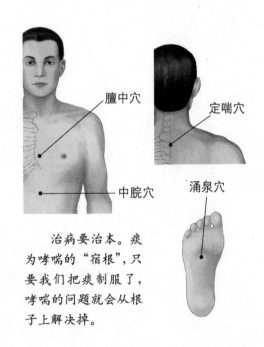

膻中穴

定喘穴

中脘穴

涌泉穴

治病要治本。痰为哮喘的"宿根"，只要我们把痰制服了，哮喘的问题就会从根子上解决掉。

其充沛可以预防控制冬天哮喘病的发作，这也就是"冬病夏治"的原理。

如果是哮喘，且痰多咳喘上气者，可将天南星 30 克、白芥子 30 克研成细末，过筛，然后再用姜汁把药末调匀成糊状，贴在涌泉穴

和中脘穴上，并用纱布固定。

如果哮喘时，面色发红，喘气粗大，鼻孔总感觉有热气，可取芫花 100 克，桃皮 80 克，浓煎取汁，然后用一块纱布放入药汁中泡一会儿，取出贴在膻中穴（在胸部，身体前正中线上，两乳头之间的中点）和定喘穴上。等药干了以后马上再换 1 块，在这两个穴上轮换浸渍，每次 4~5 小时。

治病要治本。痰为哮喘的"宿根"，只要我们把痰制服了，哮喘的问题就会从根子上解决掉。

11

让中气每一天都固护好胃
——胃下垂从脾胃调治之法

胃下垂是因为脾气虚，中气因而下陷，中气虚则不能升提，使胃体下垂。艾灸对脾胃有明显的强健作用，可增强胃的张力。

什么是胃下垂？就是和正常人的胃相比，位置低了一些，如果胃下垂到肚脐 2~3 指处，我们就称之为胃下垂。生活中，有些人吃饱后，常常解开皮带扣子，让肚子放松放松。其实，这样不好，会造成腹腔内压的下降，导致胃下垂。

一般来说，从事长期站立工作的人容易胃下垂，像教师、售货员等。此外，慢性消耗性疾病，尤其是胃肠疾病进行性消瘦的女性朋友，也容易得这种病。

　　有这样一位女士，人长得很漂亮，就是太瘦了。为了保持现在的体形，她仍然节食减肥。就在最近，这位女士感觉自己的胃有点不舒服，有时还有恶心、头晕、胃部下坠的感觉。来到医院一检查，结果是胃下垂——因为过度节食所致。过度节食导致胃肠功能差，中气下陷，进而引起胃下垂。

　　从中医角度来看，胃下垂是脾出了问题。我们说过脾有升清的作用，此外它还有一个升提的作用。所谓"升提"就是说脾气有维持人体内脏在一定位置上的功能。因此，脾气健旺，方能使机体内脏不致下垂；如果脾气下陷，就会出现腹部胀坠、内脏下垂、脱肛久痢等现象。胃下垂就是因为脾气虚，中气因而下陷，中气虚则不能升提，使胃体下垂。

　　临床上，我常采用艾灸的方法来治疗中气下陷所致的胃下垂。有一位女性患者，是一名教师。她自诉一年来，经常感觉腹痛、腹胀，当时也没注意，后来症状越来越严重。有时还伴有腹泻或便秘，不爱吃东西，感觉身上没劲儿，头晕，失眠。后经胃肠钡餐透视提示是胃下垂。我发现其苔白脉沉无力，为中气下陷所致。后来我取百会穴、气海穴、足三里穴、中脘穴为其进行艾灸治疗。

　　其中，百会穴属于督脉与三阳经交会穴，灸此穴能使阳气旺盛，有提升固摄之力；气海穴总调下焦气机，可

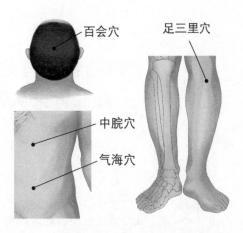

脾气健旺，方能使机体内脏不致下垂；如果脾气下陷，就会出现腹部胀坠、内脏下垂、脱肛久痢等现象。

培补元气；足三里穴能调理脾胃以助运化，使胃收缩加强，增强人体对营养物质的吸收；中脘穴对胃部的功能具有较强的调节作用，灸之可使胃下缘升高，胃蠕动增强。

艾灸时，对每个穴位进行温和灸 10~15 分钟，以得气为度，如出现酸、麻、胀、蚁行感等。共治疗 3 个疗程，症状有了明显改善。

敷脐法也可以改善胃下垂的情况。可取蓖麻仁 10 克，五倍子 5 克，然后将二者捣成泥糊状，贴敷在肚脐上，每天早 1 次，隔 4 天换药 1 次。一般敷药 6 次左右就有明显的改善。

胃下垂患者平时还要做到少食多餐，细嚼慢咽，食物以细软为主，减少辛辣食物的刺激。平时还可以通过按摩胃脘部的方法以提升胃。按摩时，张开手掌，掌根放在胃底部的下缘，手指用力深按，由下而上，慢慢地向上托举，动作缓慢而均匀，每次托举 5 厘米左右，并逐渐加大力度。

12

献给慢性胃炎者的福音
——慢性胃炎从脾胃调治之法

慢性胃炎主要是由于现代人饮食不节制，经常是饥一顿、饱一顿，或经常吃生冷、刺激性的食物，再加上有些人还经常吸烟和酗酒，使脾胃受损，以致胃失和降，气机阻滞所致。

慢性胃炎在中医里属于"胃痛"的范畴，以上腹部近心窝处经常发生疼痛为主要症状。

中医认为，慢性胃炎主要是由于现代人饮食不节制，经常是饥一顿、饱一顿，或经常吃生冷、刺激性的食物，再加上有些人还经常吸烟和酗酒，使脾胃受损，以致胃失和降，气机阻滞所致。或因情志失调，肝失疏泄，横逆犯胃；或肝郁化火，耗伤胃阴；或病久气滞血淤，阻滞胃络等引起。

慢性胃炎在临床辨证上主要有脾胃虚寒型和肝气犯胃型。

◇◇脾胃虚寒型慢性胃炎的调养

脾胃虚寒型慢性胃炎多是因为饮食失调、过食生冷、劳倦过度，或久病，或忧思伤脾等所致。

我有一位经常跑业务的朋友，他在业务忙时根本无暇顾及吃饭，经常是饥一顿、饱一顿的。后来，他就感觉胃有些隐隐作痛，平时喜欢吃热的东西，胃难受的时候按着会感觉舒服，饿的时候疼痛明显，吃东西后就会有所缓解，平时食欲也不怎么好，有时还泛吐清水，浑身无力，四肢冰凉。刚开始，他以为是消化不良，也没有太在意。有一次，他肚子疼得受不得了，去医院检查，结果是慢性胃炎。

吃了几次药后，没有什么明显的效果，后来他找我帮他做调养。我发现其苔薄白，脉细弱，属于脾胃虚寒型的胃炎。我为其温针（在针入皮下的毫针柄上，或针体部用艾绒烧热，使热通过针体传入体内）足三里穴、内关穴来治疗。此法具有温阳散寒、补益脾胃、温通经络、活血化淤的功效。经过两个疗程后，他的各项症状明显减轻。

对于此类型的胃炎，我们平时可以通过按摩来进行调养。每天坚持按摩足三里穴、内关穴、肾俞穴、气海穴各3~5分钟。

我们还可以采用敷脐法来进行调养：取娑罗子、水菖蒲、干姜、

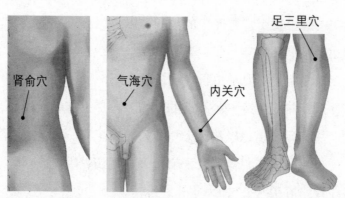

肾俞穴　　气海穴　　内关穴　　足三里穴

　　脾胃虚寒型慢性胃炎多是因为饮食失调、过食生冷、劳倦过度，或久病，或忧思伤脾等所致。

食盐各适量捣烂，烤热后敷于脐部，同时开水冲服催吐。对于脾胃虚弱、饮食积滞引起的胃痛很有效果。

◇◇**肝气犯胃型慢性胃炎的调养**

　　肝气犯胃型慢性胃炎，是因为肝气太过克制脾土，导致胃脘部饱闷不适或胀满疼痛，吃完东西后病情加重，痛无定处，常伴有嗳气频繁，放屁后感觉舒服。这时我们可以选肝俞穴、梁丘穴、阳陵泉穴、太冲穴进行按摩。

　　肝俞穴为肝的背俞穴，有疏肝利胆、理气止痛的功效。此穴在第9胸椎棘突下，旁开1.5寸。取穴时，俯卧，在第9胸椎棘

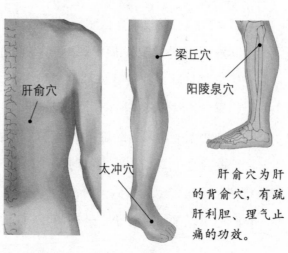

肝俞穴　　梁丘穴　　阳陵泉穴　　太冲穴

　　肝俞穴为肝的背俞穴，有疏肝利胆、理气止痛的功效。

突下，督脉旁开 1.5 寸处。

阳陵泉穴是足少阳胆经的合穴，胆的下合穴。此穴在小腿的外侧，腓骨小头前下方的凹陷处。取穴时，正坐，屈膝成 90°，在膝关节外下方、腓骨小头前缘与下缘交叉处能看到一个凹陷，阳陵泉穴即在此处。

梁丘穴是胃经的郄穴，太冲穴是肝经的原穴。

以上穴位搭配互用，有很好的舒肝健脾之功效，可在每天分别对每个穴位进行按摩 3~5 分钟，以有酸胀感为宜。

敷脐法也可缓解此类型胃炎引起的胃痛：取川楝子、元胡、香附各 6 克，沉香 3 克，共捣成末，再用适量的姜汁调成糊状，敷于脐部，外边用纱布固定住。每天换药 1 次。

由于饮食因素在慢性胃炎发病中占有非常重要的地位，因此养成良好的饮食习惯是防治胃炎的关键。平时在饮食上，我们应以清淡为主，少食肥、甘、厚、腻、辛辣等食物；宜细嚼慢咽，切忌暴饮暴食及食无定时；注意饮食卫生；少饮烈酒及浓茶。

13

让准妈妈一天比一天舒服
——妊娠呕吐从脾胃调治之法

女性怀孕时，胎气上逆，脏腑功能失常，导致胃失和降，从而引起妊娠呕吐。

很多孕妈妈在怀孕的前3个月时间内，会出现妊娠呕吐反应，比如食欲不振、恶心呕吐、偏食挑食、身懒发困、头晕倦怠等。像这种情况一般在3个月后就会自行消失。

妊娠呕吐的症状有轻有重，有个别孕妇呕吐严重，几乎是吃什么吐什么，甚至喝口水都会吐，严重时会吐胆汁，身体日渐消瘦。还有的孕妇甚至闻到食物的气味也会出现恶心、呕吐，不能正常进食。一般多发生在早晨，因此也称之为"晨吐"。

中医认为，妊娠呕吐主要由冲气上逆、胃失和降所致。胃位居于中焦，是受纳腐熟水谷的，其气以降为顺。外邪、饮食、情志等因素都有可能导致脏腑失和，从而影响胃的功能，使胃失和降，水谷逆气上冲，引起呕吐。女性怀孕时，胎气上逆，脏腑功能失常，导致胃失和降，从而引起妊娠呕吐。

妊娠呕吐主要有脾胃虚弱和肝胃不和两种类型，下面我分别介绍一下：

◇◇脾胃虚弱型妊娠呕吐的调养

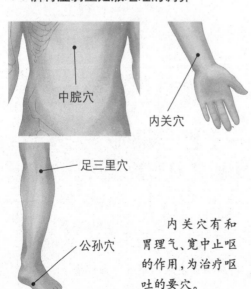

中脘穴

内关穴

足三里穴

公孙穴

内关穴有和胃理气、宽中止呕的作用，为治疗呕吐的要穴。

有这样一位女性患者，她在怀孕后，经常恶心呕吐，最后实在没什么可吐的了，就吐清水，受不了食物的气味，口淡无味，精神疲倦，天天想睡觉。我为其检查发现其舌淡苔白，脉缓滑无力。

她这种情况就属于脾胃虚弱型的妊娠呕吐。这有

向脾胃要健康

254

可能是因为她本身脾胃虚弱，怀孕后冲脉气盛，上逆犯胃，导致胃失和降；或脾虚运化无力，导致痰饮留滞，随冲气上逆导致呕吐。像她这种情况治疗应以健脾和胃、降逆止呕为主。后来，我在其中脘穴、内关穴、足三里穴、公孙穴上进行艾灸治疗。几个疗程后，效果显著。

在这里，中脘穴、足三里穴分别为胃经募穴与合穴，灸之以和胃降逆；配冲脉交会穴公孙，既可健脾和中，又能平降上逆之冲气；内关穴有和胃理气、宽中止呕的作用，为治疗呕吐的要穴。

平时我们也可以对这几个穴位进行按摩，每穴每次按摩3~5分钟。

◇◇肝胃不和型妊娠呕吐的调养

女性朋友在怀孕后会以阴血养胎，这时肝阴不足，肝气有余，夹冲气上逆犯胃，就会导致恶心呕吐。主要表现为恶心、呕吐酸水或苦水，胸满胀痛，暖气叹息，有时头痛、头晕，莫名烦躁，口中干渴，精神抑郁。这时治疗或保养应以平肝和胃、降逆止呕为主。

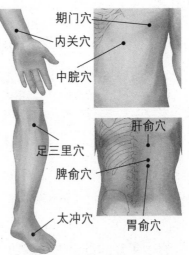

在调养上，我们可以取中脘穴、内关穴、足三里穴、太冲穴进行按摩或艾灸。之所以配肝经原穴太冲，是因为它有疏肝理气降逆的功效。可以对以上几个穴位每次每穴按摩3~5分钟，或每次每穴艾灸10~15分钟。

女性朋友在怀孕后会以阴血养胎，这时肝阴不足，肝气有余，夹冲气上逆犯胃，就会导致恶心呕吐。

除了以上方法外，还可以进行拔罐治疗。主要穴位取脾俞穴、肝俞穴、胃俞穴、内关穴；配穴，如果是脾胃虚弱型的，可加足三里穴、中脘穴；如果是肝胃不和型的，可加期门穴、太冲穴。期门穴是肝经的募穴，它位于胸部，当乳头直下，第6肋间隙，前正中线旁开4寸处。

拔罐前，先对穴位局部进行常规的消毒，用闪火法将适当大小的玻璃火罐拔于所选穴位上，留罐10~15分钟，视病情轻重选择每天进行1次或隔天进行1次，10次为1疗程。

为了缓解妊娠恶心呕吐的症状，我们还要从饮食上加以调节。这时的食物一定要清淡，没有必要太过于注重营养，也不要强迫自己吃很多的东西，依照自己的口味吃东西；食物可以吃得偏干一些，不要喝太多的水，这样可以有效抑制呕吐。

14

产后可以不水肿
——产后水肿从脾胃调治之法

脾胃是负责运化的，脾胃虚弱则水湿运化不利，多余的水分积聚在体内就会形成水肿。

很多年轻的母亲生完孩子后常抱怨：刚生完孩子后身体不瘦反而肿胀了，尤其是脚胀得像包子似的。坐完月子后虽然消退了不少，可还是一直保持轻度的浮肿，有时候用手指一按就是一个坑儿。还有的产妇，不仅身上有水肿，而且还常腰酸背疼，浑身无力，心慌气短。到医院检查也没什么毛病。

其实，这就是女性产后的常见问题，即产后水肿。一般来说，产后水肿在坐完月子后大多都不治而愈，也有个别人需要调养一段时间才能恢复。但不管怎么说，产后水肿总不是一件令人舒服的事儿，能尽早解决当然是件好事。

一般情况，由脾胃虚弱引起的产后水肿比较多。脾胃是负责运化的，脾胃虚弱则水湿运化不利，多余的水分积聚在体内就会形成水肿。

有这样一位女性朋友，今年 30 岁，刚生完小宝宝，整个人也"胖"了一圈，尤其是大腿和腰部水肿得厉害，手脚冰冷。平时也不怎么爱吃东西，大便溏稀，小便很少，有时腹部经常胀痛，浑身无力，精神也不好。她的老公也是很着急，在我的诊室里一直搓手、叹息。我笑着说："这是小问题，你就放宽心吧，一点都不用急。"

像这位女士的情况属于脾胃虚弱型的产后水肿。我选了中极穴、关元穴、脾俞穴、肾俞穴，用艾条分别艾灸每个穴位，以皮肤发红为宜。每天 1 次或者隔天 1 次。我又将具体方法详细教给了她老公，让他回家为老婆做艾灸，并笑着对他说："这可是你表现的最好机会了。"这两人临走时又是一番感谢。

水肿患者平时还可以从饮食入手。像红豆、薏米啊，都是很好的消肿食物。红豆有健脾止泻、利水消肿的功效。它与老姜一同煮汤服食，对产后下肢水肿有很好的疗效。薏米有健脾渗湿、除痹止泻的功效，将它与红豆、老姜一同煮汤食用，也有很好的利水渗湿、健脾消肿的功效，是产妇去肿的上好食疗。

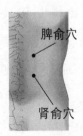 

脾俞穴

肾俞穴

关元穴

中极穴

一般情况，由脾胃虚弱引起的产后水肿比较多。脾胃是负责运化的，脾胃虚弱则水湿运化不利，多余的水分积聚在体内就会形成水肿。

产妇平时的饮食上要保持清淡，适当多吃一些鱼类；睡前最好少饮水；还要杜绝生冷食物，这些东西是最容易伤害脾胃的，一定要远离。

15

从根本上告别肥胖
——肥胖从脾胃调治之法

肥胖与五脏都有一定的关系，但是从脾胃的角度来说，脾胃功能失调才是肥胖的根本原因。

看自己是不是肥胖，可以先了解一下自己的体重指数，即BMI指数（Body Mass Index，简称BMI）。这个体重指数如何计算呢？有个公式：

BMI=体重(kg)/身高^2(m^2)。

根据这个公式，再根据我国成年人的体重指数标准（正常体重：$18.5 \leqslant$ BMI < 23.9；超重：BMI $\geqslant 24$；肥胖：BMI $\geqslant 28$），我们就能判断出自己的体重是不是超标了。

客观地说，肥胖与五脏都有一定的关系，但是从脾胃的角度来说，脾胃功能失调才是肥胖的根本原因。现代人因为长期的饮食不节，导致脾胃运化失调，以致摄入的水谷精微不能转化成我们身体需要的能量，而是转化成痰湿，淤积在体内，从而形成肥胖。而且有一个典型的表现就是大腹便便。这种情况在中年女性朋友当中比较突出，但是现代男性朋友也有向此靠拢的趋势。

一般来说，这种脾胃失调所致的肥胖者多为痰湿体质。这种人除了大腹便便外，还表现为爱出汗，且多黏腻；平时感觉肢体酸困沉重，浑身不舒服；有时还会感觉头晕、胸闷、心悸、胸腹胀满。观察这些人的舌头，舌体多胖大，舌上有齿痕，舌苔厚腻或白滑，脉濡滑。

　　元代医学家朱丹溪曾说过："肥人多湿""肥人多痰"。这充分说明肥胖者与痰湿有很密切的关系。而痰湿的产生无外乎有两个原因：一是外因，主要与饮食有关。正如张仲景在《金匮要略》中指出："内湿，多因久病脾虚或饮食不节、贪食生冷、嗜饮酒类，损伤脾气，以至脾阳不振，运化失司，气化不利。"二是内因，与脾之健运有关。脾喜燥恶湿，如脾虚中阳不振，运化失司，则水湿凝聚不化，留中滞膈，化而成痰。

　　如果你的肥胖是此种类型，那我们在调养脾胃上下功夫，便可以轻松完成一次减肥之旅了。这里我向大家推荐3个穴位，外加一个摩腹法。

　　这3个穴位是中脘穴、天枢穴、丰隆穴。中脘穴是腑的会穴、胃的募穴；天枢穴是大肠的募穴；丰隆穴是祛湿除痰的要穴。这3个穴位同用，可调脏腑、化痰浊、消浊脂，治疗肥胖的效果显著。

　　日常使用时，我们可以对这3个穴位进行按摩，每个穴位按摩3~5分钟即可；也可对这3个穴位进行艾灸，每个穴位进行15分钟左右，天天坚持，效果显著。

　　如果再配合摩腹法，不仅可健脾开胃，还可去除小肚子，让你不再大腹便便。摩腹时，

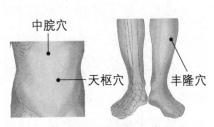

中脘、天枢、丰隆这3个穴位同用，可调脏腑、化痰浊、消浊脂，治疗肥胖的效果显著。

按顺时针方向，顺着肠子运动的方向推，每天坚持摩腹半小时左右，会有很好的效果。

在日常饮食中，我们还要多吃健脾养胃的食物，如薏米、莲藕、大枣以及各种豆类食物。当然，坚持体育锻炼也是一个不错的减肥法。

16

可以还原的美丽
——青春痘从脾胃调治之法

青春总是美好的，偶尔的"痘你玩"也没什么大不了的。只要我们对自己有信心，积极挖掘身体抵御外邪的潜能，一切身心上遭遇的问题都会还原为一个美丽的真实！

无论是男性同胞，还是女性朋友，谁都想拥有一张漂亮光滑的脸，可是小小的青春痘却打破了很多人的梦想。这真是一件让人头疼的事。因为青春痘并不仅仅是你脸面的事，而且它能打击你在人前的自信心。

其实，这也没什么大不了的，只要我们认清了青春痘的本质，那么一切问题就不再是什么问题了。

青春痘多长于年轻人的面部及胸、背、肩等部位。通常是圆锥形的小红疙瘩，有的有黑头。从中医角度来看，青春痘有很多类型，但以肺胃火盛型为最常见。这主要与他们日常饮食不节有关，饮食不节导致脾胃受损，肺胃郁热，上蒸颜面而形成此症；此外不良情绪也会诱发此病。

此类型的青春痘以女孩子居多，多发生在脸上，尤其是额头、面颊、鼻子旁，皮疹炎症明显，或有脓疱，伴有口臭、口干，小便发黄，大便干结，舌质红，苔黄，脉数。

◇◇ 背俞穴挑刺法治愈青春痘

我在临床上治疗肺胃火盛型的青春痘，常用腰背部的背俞穴进行挑刺治疗。比如说，对背部的胃俞、肺俞等穴进行挑刺治疗，效果显著。

在出门诊时，我经常遇到很多女中学生患有此型的青春痘。有一天，一位家长带着自己的上高中的女儿来找我。小女孩有些羞怯，脸上还蒙着一块纱巾，只露出两只眼睛。孩子的家长告诉我："前一段时间，这孩子的脸上就一直长痘痘，现在已经很多了。也不学习了，整天呆在家里，闷闷不乐，让人好不心疼……"

后来，我让这个孩子把面纱摘下来，其实并没有想象中那么严重，只是嘴唇周围，两面颊、鼻子旁边出现了几个脓疱性青春痘。右面颊处下颌处稍为严重一点，有斑痕，颜色微红。这时，女孩子开始哭上了，情绪有点激动："李教授，你救救我吧，我现在真是没脸见人了。"我倒是被她逗乐了，"至于吗？这点小情况我手到病除。"听了我的话，女孩子顿时安静下来了。

我又问了问病情，女孩说有时感觉痘痘有点痒痛，而且每次在月经来之前症状会加重，自己的情绪也变得急躁，大便有些干。用了一些涂抹的药物也没什么效果。后来，我为其又做了详细的检查，发现她就是肺胃火盛型的青春痘，我对其背部俞穴——肺俞、胃俞等穴进行穴位挑刺疗法，以清其肺热和胃热。几个疗程下来，孩子脸上的痘痘就不见了。

之所以在这里我不提详细的做法，是因为对于稍重一点青春痘来说，我的建议是最好去医院进行详细治疗，何况穴位挑刺疗法并不是谁都能做的。

对于较轻的肺胃火盛型的青春痘，我们可以采用对肺俞穴、胃俞穴、内庭穴进行针刺放血的方法来进行治疗。肺俞穴是肺的背俞穴；胃俞穴是胃的背俞穴；内庭穴是胃经的荥穴，它天生就是胃火的克星，专泻胃火的。

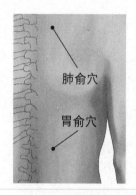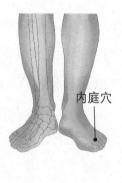

很多人可能一听放血就有些害怕，其实你去医院化验血时，医生用采血针在你手指肚上扎一下并挤出几滴血，这两者的原理是一样的，你害怕过吗？而且也并没有想象中那样的疼。当然天生晕血怕疼的就另当别论了。我们家里平时可以备一个采

对于较轻的肺胃火盛型的青春痘，我们可以采用对肺俞穴、胃俞穴、内庭穴进行针刺放血的方法来进行治疗。

血针，必要时用采血针放血，也有很好的效果。

◇◇ **大椎穴上刺血加拔罐法，让你告别青春痘**

临床上，我们还使用在大椎穴上进行刺血加拔罐的方法治疗此类型的青春痘。

在大椎穴上放血可泻肺胃蕴热，起到条达气机、泻热散结、活血化淤的作用。我每周出完门诊后，都会让我的学生为我在大椎穴上放几滴血，每周都放 1 次，放完之后感觉精神气爽，轻松很多。

具体操作时，先将大椎穴处的皮肤消毒，再用经过消毒的三棱针在大椎的局部皮肤上快速点刺大椎穴3~5下，点刺深度中等，然后立即在针刺部位拔火罐放血，放血量约3~5毫升，每周进行2次，8次为一疗程。针刺大椎穴可清热活血，疏通经络，再配以拔火罐之法，可增强清热活血的功效。

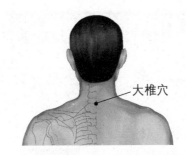

大椎穴

在大椎穴上放血可泻肺胃蕴热，起到条达气机、泻热散结、活血化淤的作用。

无论是用哪种方法治疗，病人首先要远离辛辣甘肥的食物，每天可用硫磺香皂洗脸两次，千万不要用手挤捏脓包，平时应多吃一些清淡的新鲜蔬菜和水果，还要保持一个好心情。

青春总是美好的，偶尔的"痘你玩"也没什么大不了的。只要我们对自己有信心，积极挖掘身体抵御外邪的潜能，一切身心上遭遇的问题都会还原为一个美丽的真实！